当代语言学理论丛书
Contemporary Linguistic Theory Series

主编 Chief Editors
黄正德（哈佛大学）
James Huang (Harvard University)
许德宝（澳门大学）
De Bao Xu (University of Macau)

# 模糊语义学

## Fuzzy Semantics

张乔 著

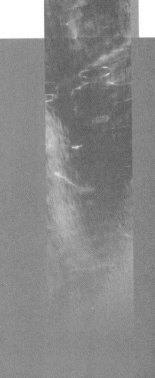

中国社会科学出版社

**图书在版编目(CIP)数据**

模糊语义学／张乔著. —北京：中国社会科学出版社，1998.2
（2015.5 重印）
（当代语言学理论丛书／主编　黄正德　许德宝）
ISBN 978 - 7 - 5004 - 2075 - 0

Ⅰ.①模…　Ⅱ.①张…　Ⅲ.①模糊语义学　Ⅳ.①H030

中国版本图书馆 CIP 数据核字(1998)第 01115 号

| | |
|---|---|
| 出 版 人 | 赵剑英 |
| 责任编辑 | 任　明 |
| 责任校对 | 季　静 |
| 责任印制 | 何　艳 |

| | |
|---|---|
| 出　　版 | 中国社会科学出版社 |
| 社　　址 | 北京鼓楼西大街甲 158 号 |
| 邮　　编 | 100720 |
| 网　　址 | http://www.csspw.cn |
| 发 行 部 | 010 - 84083685 |
| 门 市 部 | 010 - 84029450 |
| 经　　销 | 新华书店及其他书店 |

| | |
|---|---|
| 印刷装订 | 北京市兴怀印刷厂 |
| 版　　次 | 1998 年 2 月第 1 版 |
| 印　　次 | 2015 年 5 月第 3 次印刷 |

| | |
|---|---|
| 开　　本 | 710 × 1000　1/16 |
| 印　　张 | 12.75 |
| 插　　页 | 2 |
| 字　　数 | 205 千字 |
| 定　　价 | 35.00 元 |

# 2015 年改版说明

　　《当代语言学理论丛书》（下称《丛书》）2015 年再次改版的原因大概有四个：一是内容的更新。自 2004 年《丛书》再版以来又是十年过去了，语言学理论又发生了变化，有些新的东西需要补写进去。另外，有些作者、编委的工作和联系方式也有了变动，这次改版时都进行了更新。二是市场的需要。《丛书》自 1997 年初版和 2004 年再版以来，一直受到读者的欢迎，有的也一直被作为语言学课程的教材，比如《简明语言学史》、《当代社会语言学》、《生成音系学——理论及其应用》、《语言获得理论研究》等。这次改版就是为了满足市场需要，继续为语言学课程提供不同的用书。三是补遗勘误。比如《简明语言学史》的《前言》在初版和再版时都不慎丢失，致使读者对翻译的背景、版权、缘起、作者和朗曼出版公司的大力支持等都不慎了解，这次改版，就把丢失十几年的《前言》"还原"进去，为读者提供了这方面的信息。再有错印、漏印之处这次也都加以改正，比如《生成音系学——理论及其应用》一书的勘误就有 16 处之多。四是调整版本尺寸。这次改版的版本从原来的大 32 开改成了小 16 开，读者会发现小 16 开本比大 32 开本容易读得多。

　　最后，希望这次改版能继续为国内外语言学理论的研究、教学、介绍和交流起到积极的作用。

《当代语言学理论丛书》主编

黄正德　许德宝

# 《当代语言学理论丛书》再版前言

中国社会科学出版社根据读者的要求，决定再版《丛书》。再版首先是包括增加《丛书》的书目，从第一版的八种增加到现在的十二种；其次是修订增补第一版各书的内容，根据不同学科的进展，增加新的章节；最后是借再版的机会改正第一版中的印刷错误。

《丛书》再版，首先得感谢读者，没有读者的热情支持和鼓励，再版《丛书》是不可能的。其次是感谢编委，也就是《丛书》的作者们。没有《丛书》作者们的辛勤劳动和丰硕的研究成果赢得读者的欢迎，再版《丛书》更是不可能的。另外，特邀编委的热情支持和帮助、责任编辑以及社科出版社的鼎力相助也是《丛书》得以成功的原因之一。在此一并致以衷心的谢意。

较之第一版，再版增加了《关联：交际与认知》、《音系与句法的交叉研究》、《音段音系学》和《历史语言学：方音比较与层次》四种书。如在第一版前言中所指出，《丛书》前八种书主要覆盖美国语言学系研究生（博士、硕士）的八门必修课。再版时增加的四种书属于选修课或专题研究的范围。编委的工作单位有的有了变化，再版时作了相应的改变。特邀编委有的已经退休，再版时还按以前的工作单位列出。

《丛书》再版，错误、疏漏仍在所难免，敬请专家学者批评指正。

最后，希望《丛书》的再版能在国内外语言学理论的研究、教学，以及介绍和交流等方面再次起到积极的作用。

《当代语言学理论丛书》主编

黄正德　许德宝

# 序　言

语言学自乔姆斯基以来，对认知科学、心理学、医学、电子计算机以及人工智能等学科都产生了巨大的影响，成为人文科学的带头学科。只要在国外走一走，就会发现几乎所有的大学都设有语言学系或语言学专业。语言学理论不但对语言学系的学生至关重要，而且也是心理系、教育系、社会学系、认知学理论乃至计算机系的学生必修的基础理论课。乔姆斯基的语言学理论为什么对人文科学和社会科学的影响如此之大？他的什么变革使本来默默无闻的语言学（理论）一跃而成为认知科学、心理学、电子计算机以及人工智能等学科的奠基理论？这不是一句话能说清楚的。要回答这个问题，得从现代语言学的立足点说起，系统介绍现代语言学的基本理论和研究方法、研究对象、研究范围以及研究结果等。不说清楚这些问题，现代语言学在人文科学中的带头作用和对社会科学的巨大影响也就无法说清楚。有系统有深度地介绍现代语言学理论，这就是我们这套丛书的编写目的。

要系统介绍现代语言学，各种理论的来龙去脉都得交代清楚，某种理论的发生、发展、不同阶段以及各个流派之间的关系都要说清楚。不能只把一种理论搬来，不管它的过去和与其他理论的联系，那样会让人不知所云。在系统介绍的同时，也要把各种理论的最新研究成果写进去，并评价其优劣不同以及对现代语言学研究的贡献等，做到有深度，有系统、有深度，这是我们介绍的第一个原则。介绍的起点一般是以乔姆斯基与哈利的《英语语音系统》（1968）为始，介绍的终点就是今天，介绍时以八九十年代发展起来的语言学理论为主，所以这套书叫作《当代语言学理论丛书》。

要介绍现代语言学并不容易。中国台湾、新加坡、中国香港等地的学者有很好的经验。他们介绍的特点就是把现代语言学理论与汉语的研究结合起来。这样理解起来方便得多，效果也就比较好。单纯介绍，不谈在汉语中的应用，结果理论还是死的东西。我们这套丛书也本着这一点，在选材和编写上都强调在汉语中的应用，尽量用汉语说明。汉语与某种理论不相关的时候，才用其他语言中的例子。这是我们介绍的第二个原则。

我们的第三个原则是以介绍美国语言学理论为主。美国是现代语言学研究的中心，也是生成语言学的发源地。要介绍现代语言学就离不开这个发源地。所以从选材上来讲，我们以美国语言学系研究生（博士和硕士）的必修课为标准，包括语言学史、句法学、音系学、语义学、心理语言学、社会语言学、历史语言学、语言获得理论、计算机语言学与人工智能等。有些新兴学科和边缘学科就放在主要学科中介绍。比如神经语言学归入了心理语言学，音系与句法的交叉研究归入了音系学，语义和句法的交叉研究归入了语义学等。

应该指出，有些学者一直在致力于现代语言学的介绍工作，比如黑龙江大学、上海复旦大学、天津师范大学的学者等。我们希望这套丛书能与他们的研究结合起来，起到使国内外语言学研究接轨的作用。

《当代语言学理论丛书》的编写开始于 1993 年，由著名句法学家黄正德教授全面负责，许德宝协助作主编工作。编委大都是在美国读语言学博士而且有教授语言学经验的学者，一般是在讲义的基础上增删整理成书。但即使是如此，也都得付出很多的劳动。我们也请了在美国教授多年的语言学家、汉学家和有在国内外介绍现代语言学经验的学者作为顾问，帮助我们把这一套丛书出好。在此向他们谨致谢意。我们还得感谢中国社会科学出版社对这套丛书的大力支持，特别是责任编辑及其他有关同志的辛苦工作，不然这套丛书也不能和读者见面，在此也一并致以谢意。

《当代语言学理论丛书》编委会
1996 年 7 月于纽约

Yan Jiang（Ph. D. in Linguistics, University of London; Polytechnic of Hong Kong）

**靳洪刚**（美国伊利诺大学教育心理学博士、澳门大学人文艺术学院院长）

Hong Gang Jin（Ph. D. in Educational Psychology, University of Illinois at Champaign

　　Urbana; University of Macau, Dean of FAH）

**李亚飞**（美国麻省理工学院语言学博士、威斯康辛大学语言学系教授）

Yafei Li（Ph. D. in Linguistics, MIT; University of Wisconsin, Madison）

**林燕慧**（美国德克萨斯大学语言学博士、州立密西根大学中文及语言学系
　　教授）

Yen -hwei Lin（Ph. D. in Linguistics, University of Texas at Austin; Michigan State University）

**陆丙甫**（美国南加州大学东亚语言博士、南昌大学中文系教授）

Bingfu Lu（Ph. D. in East Asian Languages, University of Southern California; Nanchang Uni-

　　versity）

**潘海华**（美国德克萨斯大学语言学博士、香港城市大学中文、翻译及语言
　　学系教授）

Haihua Pan（Ph. D. in Linguistics, University of Texas at Austin; City University of Hong

　　Kong）

**石定栩**（美国南加州大学语言学博士、香港理工大学教授）

Dingxu Shi（Ph. D. in Linguistics, University of Southern California; Polytechnic of Hong

　　Kong）

**侍建国**（美国俄亥俄州立大学中国语言学博士、澳门大学中文系教授）

Jianguo Shi（Ph. D. in Chinese Linguistics, Ohio State University; University of Macau）

**宋国明**（美国洛杉矶加州大学罗曼语言学博士、威斯康辛劳伦斯大学东亚
　　系教授）

Kuo -ming Sung（Ph. D. in Romance Linguistics, University of California at Los Angeles, Law-

　　rence University, Wisconsin）

**陶红印**（美国圣巴巴拉加州大学语言学博士、美国洛杉矶加州大学东亚系
　　教授）

Hongyin Tao（Ph. D. in Linguistics, University of California at Santa Barbara; University of

　　California at Los Angeles）

**王野翊**（美国卡内基-梅隆大学计算科学院计算语言学博士、华盛顿州微软
　　研究院研究员）

Ye-Yi Wang（Ph. D. , in Computer Science, Carnegie Mellon University; Microsoft Research

# 第一版前言

模糊语义学是六七十年代始兴起的一门重要的边缘学科。它开辟了自然语言中语义研究的新途径，展现出广阔的发展前景。它的研究对象是语义中客观存在的大量的模糊现象。模糊语义学一反传统的只是追求精确的倾向，提出了切合实际的处理模糊语义现象的非传统性理论和有效而实用的新方法。

模糊语义学的讨论不仅适应自然语言的发展，而且为解决形式语言学以及相关学科所亟待解决的许多难题提供了理论与方法。模糊语义学把语言学研究与自然科学结合起来，是介于两者之间的交叉学科。近年来的研究成果表明，模糊语义学不但具有理论价值，而且对计算机和人工智能等领域内关于自然语言理解的研究具有重要的意义。例如，计算机采用模糊语言则可增加其灵活性及实用性。

在本人多年研究成果（书中部分内容是通过对本人发表过的文章的修改和补充而写成的）的基础上，此书旨在进一步、全方位地讨论模糊语义问题，提出新观点和新方法。作者亦希望能抛砖引玉，以期更多的人参加这方面的讨论，从而完善模糊语义学的研究。

本人衷心感谢中国社会科学出版社的任明先生和其他有关编审人员，这本书的出版与他们的指导和鼓励是分不开的。

张师民先生、张兰音女士、张莹女士、关志刚先生、Ronnie Cann 先生、Jim Hurford 先生、Jim Miller 先生、伍铁平先生、傅雨贤先生、董杰锋先生、姜天先生、李庚先生、高华年先生、叶国泉先生、黄天骥先生、汪培庄先生、张丰先生、马蓉女士、王雨田先生、韩愐先生、李少卿先生、陈图云先生、洪声贵先生等均在不同时期，以各种方式给予作者难忘的教诲和帮助，在此一并致谢。

# 第二版前言

趁这次再版的机会，本书加入了一些新的内容，其中包括整个第六章和第五章约一半的内容。经过此番努力，相信再版后的内容会更充实，令读者更满意。

由人生的哪一瞬间开始，不再算为"青年"，而转为"中年"？什么叫"漂亮"，什么是"丑"？这些词的意义都不很确切。这就是模糊语义学所要研究的对象。

模糊语义学是一门较新的边缘交叉学科，它的产生与发展标志着语义学研究进入了一个新阶段。它开辟了自然语言中语义研究的新途径，展现出广阔的发展前景。它的研究对象是语义中客观存在的大量的模糊现象。模糊语义学一反传统的只是追求精确的倾向，提出了切合实际的处理模糊语义现象的非传统性理论和有效而实用的新方法。

模糊语义学的讨论不仅适应自然语言的发展，而且为解决形式语言学以及相关学科所亟待解决的许多难题提供了理论与方法。模糊语义学把语言学研究与自然科学结合起来，是介于两者之间的交叉学科。近年来的研究成果表明，模糊语义学不但具有理论价值，而且对计算机和人工智能等领域内关于自然语言理解的研究具有重要的意义。例如，计算机采用模糊语言则可增加其灵活性及实用性。

本书介绍和评述了模糊语义学的各种学派，讨论了模糊语义和适用性理论（Relevance Theory）的问题，勾画了此学科发展的新动向，并且辨别了"模糊"与"含糊"、"歧义"、"概括"之间的区别。本书以模糊集理论（查德 L. Zadeh，1965）为指导，讨论了模糊语义的特征以及形式化等问题。最后，本书阐述了模糊语义学的研究在跨学科意义上的启示，诸如普通语言学、逻辑以及心理学等方面。

本书的独到之处是以汉语和英语为主要语言材料，从自然语言和形式语言两方面讨论模糊语义问题。本人认为一个命题非真即假的说法在自然语言中有很大的局限性，因为含有模糊词语的命题可能会带有等级性真值（degree of truth）。本书的新观点之一是模糊语义既有组合性（compositionality）又有带规律性的变异性（motivation）。组合性体现在同一类型的模糊词语可在相同方式上具有同一种语义和推理模型。虽然模糊词语的隶属函数可能会随语境的变化而变化，但这种变化是局限于一定范围并有一定的规律的。换言之，模糊语义是有规可循的（motivated）。

　　在本人二十余年的研究成果（书中部分内容是通过对本人出版物的修改和补充而写成的）的基础上，此书旨在进一步、全方位地讨论模糊语义问题，提出新观点和新方法。本书的研究对促进语义理论正确地解释自然语言以及机器能理解并灵活处理自然语言有很重要的意义。此书适用于高校教师、学生以及对语言学有兴趣的有关人士。本人希望能抛砖引玉，以期更多的人参加这方面的讨论，从而完善模糊语义学的研究。

　　本人衷心感谢中国社会科学出版社的任明先生、本书主编许德宝先生和黄正德先生，这本书的出版与他们的大力支持和辛勤工作是分不开的。

　　张师民先生、张兰音女士、张莹女士、关志刚先生、Ronnie Cann 先生、Jim Hurford 先生、Jim Miller 先生、伍铁平先生、邹崇理先生，傅雨贤先生、董杰锋先生、江天先生、李庚君先生、高华年先生、叶国泉先生、黄天骥先生、汪培庄先生、张丰先生、马蓉女士、王雨田先生、韩榕先生、李少卿先生、陈图云先生、洪声贵先生等均在不同时期，以各种方式给予本人难忘的教诲和帮助，在此一并致谢。

# 目　　录

# 第一章　引言

让我们先举一个现实生活中可能发生的例子。小王请小张去买"二十来"瓶汽水和"几斤"桃子。小张自己必须决定到底买多少瓶汽水和多少斤桃子。在商店里，他踌躇了片刻，最后买了一箱装有十八瓶的汽水和三斤桃子。回来以后，小王看到买的东西，似乎也很满意。其实，这种用模糊语言进行交流的现象在日常生活中经常发生，只是我们见惯不觉罢了。仔细观察一下我们所用的语言，大部分词语的语义是有一个模糊边缘的。比如，一篇论文可以说是"水平还可以"，一个女孩长得"不错"，一叠纸可以是"二十张左右"，某人可以有"许多朋友"。事实上，人们可以自如地运用这类模糊词语。这就给语言学研究提出一个挑战，应该如何来解释这种现象。

许多年来，人们习惯认为某一命题，特别是陈述性的，非真即假。然而，传统的二值逻辑并不能准确地解释和处理自然语言，就连三值或四值逻辑在这方面也不十分理想［参见麦考利（J. McCawley），1981］。其原因是有的句子不完全真，可又不完全假；也就是说在一定程度上真或假。比如，"小王二十多岁"，其中"二十多岁"的语义界限就不十分清楚。由之而来的是，这个句子的真值也具有一定程度的模糊，并非一刀切。这类句子，类似二值逻辑的理论是说明不了的。虽然在三值和四值逻辑中，不定值可代表"有几分的真值"，但并未有方法对其给予进一步的分析和解释。

在这方面，查德（1965）的模糊集论比其他理论要高出一筹。模糊集论用隶属度这一概念来处理语言的模糊性，其结果因较接近语言事实而显得有真实性（参见 Zhang，1996）。

## 第一节　"模糊"的定义

根据传统形式语言学，"小王二十多岁"这个命题的真值为真的条件是，在"二十多岁"这个集合中有一个成员叫"小王"。这种分析的问题是，并未对"二十多岁"加以分析，即对其意义未加解释。其实，此句的语义并非像以上分析的那样简单。暂且把语境条件（比如，"二十多"就人的年龄来讲的语义界限和针对医疗度量单位来说的语义界限可能是有所不同的）忽略不计，如何定义"二十多"的语义界限本身也不是一件容易的事。多大岁数才能算为"二十多岁"。十五岁？十六岁？十七岁？十八岁？十九岁？二十岁？二十一岁？二十二岁？二十三岁？二十四岁？二十五岁？显然，找出一个固定的、一刀切的数值是不大可能的。类似"二十多岁"这样的语义我们定义为"模糊"。

进一步说来，一个命题，比如"小王二十多岁"的真值可能既不全真，又不全假，也不全无意义。这种命题的真值可在一定程度上真或在一定程度上假。如果小王正好二十岁，那么"小王二十多岁"的真值可为百分之百的真。如果小王十五岁，那么此命题可为百分之六十的真。相反，如果小王三十岁了，那么真值则可为全假。造成这种不同程度上的真值的原因是"二十多岁"所指的集合的边界是模糊的。有些个体既不完全属于此集合又不完全不属于它。

必须明确的是，"模糊"这个概念和"误用"、"误解"或"不科学"不同。"模糊"是一个专业术语，有其明确的定义。然而，"模糊"常常引起误解，因而"连续"被提出用于取代"模糊"。例如，"模糊逻辑"可称为"连续逻辑"。就我本人来看，叫什么都无关紧要，关键是术语有一个明确的定义就行。

模糊词语有不同的类型。例如，人们的主观判断可能影响定义"漂亮的姑娘"或"好吃"的标准。这里，人们所用的标准应该是多方面的。相反，有些词语，比如"大约二百"，其定义标准则相对来说较单一，主要是数量定义标准。

虽然模糊语义现象甚为普遍，但人们对此的认识并不够。到目前为止，还未有一种完善的模糊语义学理论体系。因此，这方面的探讨和研究显得十分必要。

## 第二节　模糊集理论及其发展

本书对模糊语义学进行研究是以查德的模糊集理论为主导的。这里将介绍此理论，内容包括什么是模糊集理论，它的发展以及在语言研究中的运用。

### 一　查德的模糊集理论

查德是美国的控制论专家，现在加里福尼亚大学电子工程和计算机系工作。他于 1965 年率先提出模糊集合论。它的中心思想是说集合的界限不固定，元素属于集合的隶属度除了 0，1 两值外，还可取两值之间的任意实数为值。

集合是现代数学中最基本的概念，它是具有某种属性的事物（成分）的全体，诸如沙粒的集合、词的集合，等等。我们可以利用集合来刻画语义的界限。普通集合要求界限分明，一种成分要么属于某一集合（用 1 表示），要么不属于某一集合（用 0 表示）。显然，用普通集合来刻画类似"青年"等模糊的语义界限是不行的，因为普通集合"非此即彼"的描述与模糊语义界限"亦此亦彼"的特征相矛盾。查德在普通集合论的基础上提出了模糊集合论，用模糊集合来表现模糊语义是比较合适的。对那些不能用绝对的"属于"或绝对的"不属于"来表示的成分，可在 ［0，1］ 区间上取值，即用 ［0，1］ 中的实数值表示某些成分在某种程度上属于某语义集合。

隶属度方法吸取了人类思维灵活性的特点。例如，在人脑中，"大"与"小"的界限常常是不确切的。如果要人们在1—10这些数字中，指出哪些是"大"的数，哪些是"小"的数，那么人们通常只能对不同的数字加以比较，挑选出相对来说更符合于"大"或"小"的数字。这可用以下隶属度表达式来说明：

$$"大" = \frac{1}{10} + \frac{0.8}{9} + \frac{0.6}{8} + \frac{0.4}{7} + \frac{0.2}{6} + \frac{0.1}{5}$$

$$"小" = \frac{1}{1} + \frac{0.8}{2} + \frac{0.6}{3} + \frac{0.4}{4} + \frac{0.2}{5} + \frac{0.1}{6}$$

其中"＝"表示"定义为"；分母表示某成分；分子表示这一成分对"大"或"小"的隶属度；"＋"表示并列关系，而不是分式求和。上式说明这些数字在某种程度上属于"大"或"小"。其中，隶属度为1的完全属于"大"或"小"；隶属度越接近1，属于程度就越高；隶属度小一些的，属于程度也就低一些。这种隶属度表达式刻画了人类特有的灵活性思维，同时又是计算机可以理解的定量形式。因此，模糊语义以隶属度形式定量化之后，则有可能输入计算机，从而使计算机带有灵活性特点。

国外有人用模糊条件语句研制成功了热水控制器。在三种不同控制程度的方案中，精确度高的控制器，虽然灵敏度高，但不容易达到稳定状态。比较起来，精确度低的那种粗糙的控制器，适应性强，收到的效果也较好（王雨田，1981）。这说明，精确度太高，在某种情况下，并不一定能够收到很好的效果。因此，模糊语义用隶属度来描述，将有助于克服计算机由于过分精确而导致的呆板性弱点，使它适应于科学技术发展的需要。

## 二　模糊集理论的发展

自1965年查德提出模糊集论以后，学术界对此的反应不小。有人赞成，有人反对。赞成派认为查德的理论将古典集合论进一步完善，使其处理复杂问题的能力大大提高。但是反对派认为模糊集合论不符合传统原则，将科学问题非严格化。

多年来，模糊集论在人们的不断探索下逐渐完善。在实践中，不少领域正在兴起"模糊热"，尤其是一些大型、复杂的系统，比如自动控制。模糊集可以处理模糊性，将其用不同的隶属度表现出来，这就带来了极大的伸缩性。实践证明，采用模糊系统操作起来效能很好。

根据瓦特奥（B. Wattel）1994年1月19日在模糊学万维网（Fuzzy-list）上的报道，最先将模糊理论用之实践的是伦敦大学的马姆达尼（Mamdani）博士。这位博士在1974年设计了一个模糊控制蒸汽发动机。1987年，在日本的仙台用模糊系统控制的地铁开始使用。此种系统操作的地铁刹车和加速都比较平稳，旅客感到很舒服。1989年，在日本 Harumi 的一个商品展销会上，Omron 公司推出了一个模糊工作台。

此工作台是一个用模糊推理板控制的 RISC 式电脑。模糊推理板被用来储存和提取模糊信息，进行模糊推理。近年来，索尼公司推出了索尼 Palmtop，它用模糊决策树算法来识别汉字手写体。比如，如果有人写下 250，索尼 Palmtop 可以辨别出其中的 5 和字母 S 的不同。

从理论研究方面看，自 1965 年以来许多学者将模糊理论引进他们的研究领域。诸如，人工智能和自动控制［戈根（Goguen）1975，尤拉伽米（Uragami）和塔纳卡（Tanaka）1976］，图像处理［张（Chang）1971，简恩（Jain）和纳杰尔（Nagel）1977］，话语识别［考泊（Coppo）和塞塔（Saitta）1976，佩（Pal）和马久姆德（Majumder）1978］，生物学和医学［李（Lee）和李（Lee）1974，巴特纳如（Butnariu）1977］，应用操作研究［琼斯（Jones）1974，杜波依斯（Dubois）1978］，经济学和地理学［高庭斯（Gottinges）1973，塔拉努（Taranu）1977］，社会学［查德 1973a，迪米乔夫（Dimitrov）1977］，心理学［奥登（Oden）和安德森（Anderson）1974，寇臣（Kochen）1975］，语言学［雷可夫（G. Lakoff）1973a，乔伊斯（Joyce）1976］，符号学［诺瓦括斯卡（Nowakowska）1976，外纳（Vaina）1978］，结构损坏评估［布洛克雷（Blockley）1975，1978］，科学文字分析［阿伦（Allen）1973，琼斯（Jones）1976］。

### 三　模糊集理论在语言学中的应用

语言学家对模糊集理论也进行了探讨。比如，雷可夫（1973a）就曾运用模糊理论解释模糊语义，他指出我们不能给出一刀切的语义界限。帕特纳姆（Putnam，1975）也曾建议，如果我们想将模糊语义形式化，采用传统集合论是行不通的，模糊集才是解决此问题的钥匙。麦考利（1981）也详尽地讨论了如何用隶属度来表现模糊语义的问题。我们将在本书第二章"模糊语义综述"中详细讨论一下所做过的有关这方面的工作。

### 1. 定义

让我们先来看看查德（1965，1975）的模糊子集的定义：

"某个集合 $E = \{x, \cdots\}$，一个模糊子集 A，$A \in E$，可由序对 $\{x, \mu_{A(x)}\}$ 来体现。$\mu_{A(x)}$ 是元素 x 对 A 的隶属度，它取值于 $[0, 1]$ 之中的实数。"

$$(1.2.1)$$

这也就是说，A 集中的某一元素可由下列序对体现：

  $< x, \mu_{A(x)} >$             (1.2.2)

  当 A 是非模糊集时，$\mu_{A(x)}$ 只能取 0 或 1，即如果 x 属于 A 集，则其隶属度为 1，反之为 0。由此可见，模糊集论是传统集合论的广义化。史密森（Smithson，1987：9）认为模糊子集的定义符合人们对事物的直觉。

  首先用定义（1.2.1）来分析一下模糊量词的语义。比如说，"两、三个"可以被看做是一个模糊集合，它包含的元素在一定程度上属于此集合。"两、三个"的隶属度可用 $\mu_{两、三个(x)}$ 来表示，它取值于 ［0，1］之间的任意实数，不只限于 0 或 1。数值愈接近 1，隶属程度则愈高。

  表 1.2.1 是假设的"两、三个"的隶属函数，图示于图 1.2.1。

**表 1.2.1**              **"两、三个"**

| 数字（x） | 0 | 1 | 2 | 3 | 4 | 5 |
|---|---|---|---|---|---|---|
| $\mu_{两、三个(x)}$ | 0 | 0.5 | 1 | 1 | 0.5 | 0 |

  如表 1.2.1 和图 1.2.1 所示，凡是 0 或小于 0，5 或大于 5 的数均不属于"两、三个"集合。介于 1—4 的数分别在一定程度上属于"两、三个"。比如，2 属于"两、三个"的程度为 1，3 也是如此。但是，4的隶属程度就比较低，只有 0.5。这种隶属函数比较切合实际地刻画了"两、三个"的语义。

  2. 集合运算

  定义一个模糊集是由给出它的隶属函数来完成的。同样道理，定义模糊补集、合集和差集也就是给出它们的隶属函数。下面是查德（1965）的有关定义：

  a. 合集：$\mu_{A \cup B} = \max (\mu_A, \mu_B)$

  b. 交集：$\mu_{A \cap B} = \min (\mu_A, \mu_B)$

  c. 补集：$\mu_{A'} = 1 - \mu_A$

  d. 子集：$A \subseteq B$ iff $\mu_{A(x)} \leqslant \mu_{B(x)}$，for all $x \in X$

$$(1.2.3)$$

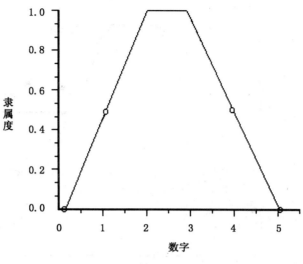

图 1.2.1 　"两、三个"

（1.2.3）中的 max 表示最大值，min 是最小值。下面，举例说明一下（1.2.3）的运算过程。让我们先看下图 1.2.2（见下页）。

设 A = "两、三个"，B = "大约两、三个"。如果 $\mu_{(A)(x)} = 0.6$，$\mu_{(B)(x)} = 0.8$，那么它们的合集为 0.8，交集为 0.6。$\mu_{(A)}$ 的补集值为 0.4，而 $\mu_{(B)}$ 的补集值则为 0.2。如图 1.2.2 所示，对任一数值来说，它对"两、三个"的隶属度应该总是比其对"大约两、三个"的隶属度小或与其相等。例如，4 对"两、三个"的隶属度为 0.5，可对"大约两、三个"的隶属度为 0.7。3 对"两、三个"和对"大约两、三个"的隶属度均为 1。可见，某个元素对"大约两、三个"的隶属度总是大于或等于它对"两、三个"的隶属度。

公式（1.2.3d）显然是成立的。问题是它只可以有 0 或 1 两种真值，而（1.2.3）中的其他公式都可以取 0—1 之间的任意实数。为统一起见，最好能使（1.2.3d）也能取中间值。以下是达到此目的的几种方法：

（a）鲁卡斯威克兹（Lukasiewicz）（见麦考利 1981：366）

$$| A \subseteq B | \quad = 1 \qquad \text{iff} | A | \leqslant | B |$$
$$= | B | \text{ iff} | A | > | B |$$

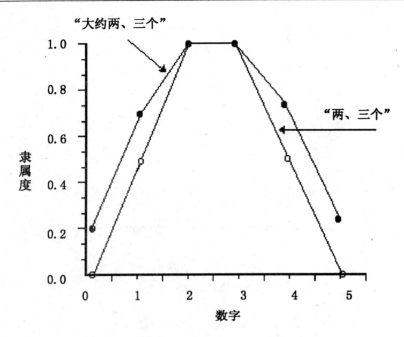

图 1.2.2 "两、三个"和"大约两、三个"

$$(1.2.4)$$

（b）坎（R. Cann，与作者本人的讨论）

| A⊆B |　　 = 1　　　　　　　　 iff | A | ≤ | B |

　　　　 = | A | - | B | iff | A | > | B |

$$(1.2.5)$$

（c）麦考利（1981：480）

| A⊆B |　　 = 1　　　　　　　　 iff | A | ≤ | B |

　　　　 = 1 - | A | + | B | iff | A | > | B |

$$(1.2.6)$$

（1.2.6）又可以表示为：

| A⊆B | = min（1，1 - | A | + | B |）

$$(1.2.7)$$

原因是"| A | ≤ | B |"与"1 - | A | + | B | ≥1"是相等的。

　　下面，用上图 1.2.2 来解释一下这些公式是如何使用的。值得一提的是，这次要考虑的是 | 大约两、三个 |（A）蕴涵 | 两、三个 |（B）

的隶属度，而不是颠倒过来。在图 1.2.2 中，取元素 4，则｜A｜=
0.7，｜B｜=0.5。由（1.2.4），｜A⊆B｜=0.5；由（1.2.5），｜A
⊆B｜=0.2；由（1.2.6），｜A⊆B｜=0.8。

　　为了解释以上结果，我们来讨论一下以上三个公式的原理。
（1.2.4）表示的是 A 和 B 隶属度的交集。（1.2.5）和（1.2.6）表示
的是 A 和 B 的差。值得注意的是（1.2.5）和（1.2.6）所得的值正好
相反。在（1.2.5）中，A 和 B 之间的差愈小，｜A⊆B｜的蕴涵度则愈
高。与此相反，对（1.2.6）来说，"1 -｜A｜+｜B｜"的值愈大，
｜A⊆B｜的蕴涵度就愈高。（1.2.5）和（1.2.6）得出的值是互补的，
也就是说 0.2 + 0.8 = 1。（1.2.4）、（1.2.5）、（1.2.6）三个公式均以
［0，1］中的实数的形式描写两个集合之间的蕴涵关系。这种描写使模
糊集合运算更有统一性。就我个人来看，（1.2.4）的表达更直观。在
图 1.2.2 中，设｜A｜=0.7，｜B｜=0.5。由图所示，从 0 至 0.5，A
和 B 的真值均为真，也就是 A 与 B 的交集。因此，由（1.2.4）得出的
｜A⊆B｜= 0.5 是比较合乎人们的直觉的。

　　3. 命题运算

　　模糊集合的运算式同样适用于模糊命题的运算。就命题逻辑来说，
模糊集论将传统的命题逻辑广义化。这是因为它引入真值可用 0 与 1 之
间的任意实数来表示的方法，一反只能用 0 或 1 的传统。假定两个命题
P 和 Q，"￢""∧""∨"和"→"为连接词。那么，这些连接词的取
值式则可由下列公式来表示（参见查德 1965 和 1971）：

　　a.｜￢P｜= 1 -｜P｜

　　b.｜P∧Q｜= min（｜P｜，｜Q｜）

　　c.｜P∨Q｜= max（｜P｜，｜Q｜）

　　d.｜P→Q｜= 1 iff｜P｜≤｜Q｜

$$(1.2.8)$$

　　当｜P｜和｜Q｜的值均为 0 或 1，或一个是 0，另一个是 1 时，得
到的将会是非 1 即 0。这就是说，如果输入的是二元真值，那么输出的
也必定会是二元真值，不会是模糊值。

　　为说明（1.2.8）的计算原理，观察下页图 1.2.3。

　　设 P = "有两、三个苹果"，Q = "大约有两、三个苹果"。以图

1.2.3 中 4 这一元素为例，｜P｜（4）＝0.5，｜Q｜（4）＝0.7。也就是说"有两、三个苹果"这一命题的真值为 0.5，命题"大约有两、三个苹果"的真值为 0.7。至于逻辑意义上的蕴涵，｜P→Q｜＝1，因为｜P｜＜｜Q｜，即 0.5＜0.7。这也就是说，如果"有两、三个苹果"这一命题为真，那么"大约有两、三个苹果"也为真。上图 1.2.2 显示的规律是：对某一元素来说，它对"两、三个"的隶属度总是低于或等于它对"大约两、三个"的隶属度。由此可推出包含前者的命题的真值也应是低于或等于包含后者的命题的真值。这个规律可在图 1.2.3 中找出。

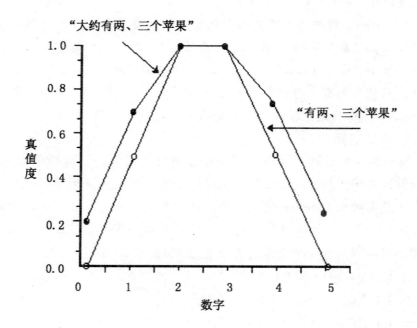

图 1.2.3　含有"两、三个"和"大约两、三个"的命题

值得注意的是，在（1.2.8）中其他运算式都可以得出 0 和 1 之间的实数，只是（1.2.8d）不能如此。这又回到上边讨论（1.2.3d）时的那个老问题上去了。这里需要的是一个可以得出不同程度上的真值的运算式。戈德奥（Gödel）（见雷斯切尔（Rescher），1969：44）提出以下公式：

$$｜P \rightarrow Q｜ = 1 \qquad iff ｜P｜ \leqslant ｜Q｜$$
$$= ｜Q｜ \qquad iff ｜P｜ > ｜Q｜$$

$$(1.2.9)$$

此公式与上面的（1.2.4）相似。设｜P｜＝"大约有两、三个苹果"，｜Q｜＝"有两、三个苹果"。以数字 4 为例，｜P｜＝0.7，｜Q｜＝0.5。那么，｜P→Q｜＝0.5。这一结果与"∧"计算式的结果一致，也就是说当｜P｜值大于｜Q｜值时，｜P→Q｜取二者的最小值。由（1.2.9）所示，Q 值愈大，蕴涵式的值就愈大。这亦可由图 1.2.3 看出，即｜Q｜值和蕴涵式的真值是成正比的。

以上，简要地介绍了模糊集理论。模糊集理论可广泛运用于语言学的研究，下面简述一下模糊语法。从以下的讨论中，我们将看出模糊集理论对语法的研究是适用的。

4. 模糊语法

模糊语法的讨论始于 70 年代［详见马修斯（Matthews 1981，第一章）和纽迈耶（Newmeyer 1986，第五章）］。模糊集理论的运用使语法理论可以解释语法中的模糊现象。模糊语法的原则是语法应是非离散的，而不是离散的。例如，康瑞（Comrie，1989）讨论了主语，名词和形容词范畴的模糊性。随后，迈耶（Meyer，1992）指出同位式的范畴也不是一刀切的，因为同位语、补足式以及并列式之间的界限并不是一清二楚的。

对语法模糊现象研究贡献较突出的是罗斯（Ross，1973）。他就语法范畴的果酱性（squishes）进行了精辟的分析。他所提出的"果酱"概念是非离散语法中的一个重要组成部分。罗斯认为名词性词组的界限是不明确的，某一词项可介于以名词为一端，以动词为另一端的连续系列之间。为说明这一问题，罗斯以图 1.2.4 中名词性词组的等级性为例：

在图 1.2.4 中，符号"＞"意为"蕴涵"。A 与 B，如果 B 通过了某个测验，且 A＞B，那么 A 也就会自然地通过那个测验。图 1.2.4 中有的名词可能属于"准名词"，而典型名词是 Harpo。罗斯认为摩根（Morgan，1972）提出的中心/边缘（core/patch）理论对处理语法的模糊性很适用。这一观点和模糊集合理论一致，即某一模糊词语定义的是

名词性词组性质逐渐增强

" Harpo " > " headway " > " there " > " tabs "

**图 1. 2. 4　罗斯：名词性词组**

一个具有不同隶属程度的元素的集合。有些元素是典型的，有些元素则不十分典型。胡泊（Hooper，1994）也指出，在分析名词化的类型时，有时候范畴的界限是连续的而不是一刀切的。胡泊所收集的托克劳安（Tokelauan）语言资料说明了严格的语法范畴理论是不符合实际的。摩根也提议应该谈论的是名词和动词的程度性（degree），而不是离散性。在摩根的理论中，语法范畴和语法规则均带有模糊界限。

雷可夫（1973b）比较赞成罗斯的观点。雷可夫指出说者对一个句子是否合乎句法或是否意义明确这一问题并不总是明确的或总是有统一看法的。雷可夫还指出，罗斯在没有明确提出"模糊语法"这一概念的情况下，阐述了下列传统的语法理论所忽略的语言事实：

（1）语法规则不是要么适用，要么不适用；而是适用到某种程度。

（2）语法成分不是要么属于某一语法范畴，要么不属于某一语法范畴；而是在一定程度上属于。

（3）语法结构不是要么为一"岛屿"（island），要么不为一"岛屿"；而是在某种程度上成为某一"岛屿"。

（4）语法结构不是要么为语法规则的"环境"（environments），要么不为语法规则的"环境"；而是在一定程度上的"环境"。

（5）语法的模糊性是普遍存在的。

（6）不同语言使用者或不同的语言会有不同的对语言模糊等级的衡量标准。

在兰格克（Langacker 1987，1991）和雷可夫（1987）的认知语法理论中，典型范畴是一个基本概念。由此而来的是类似名词这种语法范畴的不同等级。另外，豪泊（Hopper）和汤普森（Thompson，1985）也批评了"绝对范畴"这种看法。他们认为范畴应是非绝对的，因为语法范畴是由话语的需求而派生的，而不应是主观的硬性规定。

就模糊集理论对语法的应用来说，拉波夫（Labov，1978）的研究有一定的代表性。他将此理论应用于语法范畴界限的研究。另外，帕尔默［D. Palmer，语言学万维网（Linguist list），Vol. 5 – 190］一直从事将模糊性电脑模型用于大型语言资料库分析的研究，尤其是词类的模糊范畴问题。他认为词类归属的确定应着眼于由某词在不同词类范畴中的出现频率所归纳出的一系列可能性。名词类和动词类的模糊程度这一观点使在进行大型语言资料库分析时不必采用离散法来进行归类。帕尔默说他利用模糊集理论对句子歧义界限的澄清所进行的探索取得了可喜的成果。

虽然本书的重点不是语法的模糊性，但这里的讨论说明了模糊性在语言中大量存在，是自然语言的一个明显特征。更重要的是说明模糊集理论适用于解释和处理语法的模糊性。这也就是说，它不但可用于语义模糊性分析，也可用于语言中其他领域的模糊性分析。

## 第三节　几个经常提出的问题

人们经常问的问题应该算是模糊集理论中所采用的精确数字。举个例子，如果定义 16 对"大约二十"的隶属度为 0.3；那么，人们会问：为什么是 0.3，而不是 0.4 或 0.2？实际上，这种争辩误解了模糊集理论的要点，因为这里所用的确切数字是假设的，只不过是为了说明问题而已。隶属度的具体制定是一个语用和经验问题，即它可能因人和语境而异。模糊集理论所要研究的不是隶属度的具体数值，而是隶属度制定中的规律性问题。这也就是说，16 对"大约二十"的隶属度到底为 0.4 还是 0.3 无关紧要，只要它符合"大约 + n"的语义模型。"大约 + n"的语义模型是距离 n 越近，隶属度越高。因此，真正的问题是在一特定语境中，16 的隶属度为 0.4，但 19 的隶属度却为 0。或者 21 的隶属度为 0，24 却为 1。这与"大约二十"的语义模型有所违背，即靠近 20 的元素的隶属度应比不靠近 20 的元素的隶属度高一些。

另外一个问题是查德（1972，1973a）的有关语义算子的公式。比如，查德假设"很"代表一个平方函数，即 $|很 P| = |P|^2$。然而，

赫释（Hersh）和卡拉摩扎（Caramazza，1976）做的一个语言调查得出的实际结果并非如此。同样，巴德斯楚（Budescu）和沃斯坦（Wallsten，1990）也认为用数字形式制定出的运算公式在自然语言中必然得出不同的结果，原因是这些数学公式是没有实验基础的。巴德斯楚和沃斯坦的实验结果表明"交集"公式应为两项的中间值，而不是查德所提出的取两项中的最小值（参见上式1.2.3b）。

实际上，即使对标准的句法进行判断实验，所得出的结果也可能不尽相同。从理论上看，语言实验的不统一性可以由理论以外的语用因素来解释。语言实验数据可为某一理论提供基础，但不应成为判断某一理论是否成立的绝对标准。这也就是说，我们不应对以上平方函数运算公式在某一语境中所得出的具体数值过分看重。值得看重的是"x"和"很 x"之间的函数关系。查德给出的平方函数是指"很"使它所修饰的函项值更集中化。具体的函数指数可由具体语境而改变，即用平方或改为1/2次方，或立方。换言之，模糊词语的隶属函数值可能随不同语境而变化，但这种变化局限于一定的范围，遵循一定的规律。而且，每一词语的内涵义（intensional meaning）也不应随语境的变化而变化（详见 Zhang，1996）。

最后，需要讨论的一个问题是在模糊集合理论中，数值是否只局限于有限数值。我基本上同意雷可夫（1973a：492—493）的说法，即原则上模糊函数应是连续和无限的。然而，因为人脑认识能力有限，对某一具体模型来说，模糊函数应被看做用近似的方式定义一个有限集。这一观点在辨别"模糊"和"谬论"时会显得很重要。

赫释和卡拉摩扎（1976）认为模糊和谬论这两个概念是一样的。举"秃顶"为例，如果一个人有一万根头发不算"秃顶"的话，那么万一掉了一根头发（10000 − 1 = 9999），他也不应该算为"秃顶"。照此重复9999次的话，到最后此人虽然一根头发都没有了，仍不应算为"秃顶"。人们在对概念"秃顶"之类进行推理的过程中，最后导出自相矛盾的结果，因而称之为"谬论"。

古典式谬论（诸如，"秃顶"）与模糊性均对排中律提出了挑战。原因在于二者都没有一个明确的界限。然而，在我看来，二者是不尽相同的。再来考虑"秃顶"，一个人完全没有头发还不算为"秃顶"这一情况在模糊理论中是不成立的，因为"秃顶"的模糊性是局限于一定范围之内的。超过这一范围，模糊性则会消失，即一个人如果完全没有头发应算为"秃顶"。因此，模糊集理论在特定语境中处理的是一个有限集合，这一点与谬论是不相同的。

　　本章中，我们讨论了"模糊"的定义和模糊集理论及其发展。显然，传统的排中律（The Law of Excluded Middle）是不切合实际的，在处理问题时应该注意到问题的模糊性。凡事不能非白即黑，二者之间会有不分明的地带。模糊集理论与经典理论显然是有所不同的，它有可能解决历年来不能解决的一些问题。

# 第二章 模糊语义学综述

这一章讨论的内容包括模糊语义的定义，研究对象，国内外模糊语义学研究成果等等。

## 第一节 定义和研究对象

语义学是语言学的一个重要分支，它研究的是语言中的意义部分。具体说来，语义学研究的是词语所表达的意义，词义之间的关系，语义与语法的关系以及语义的形式化等问题。

历年来，在语义研究中人们经常遇到界限不分明的情况。尽管人们竭尽全力去使其精确化，结果往往是令人失望的。原因在于语义本身的根深蒂固的模糊性，想忽略它或改变它都是不可能的。基于这种状况，模糊语义学应运而生。

到目前为止，模糊语义学的影响较其他语言学分支仍有一定的局限性。有些研究者受传统语义学的影响，认为这门语义分支是"不务正业"的。他们坚持语义研究的目标应是非模糊化和精确性，但问题是语言事实并非如此。模糊性客观存在，作为语义研究者迟早要正视这一现实。模糊语义学是语义学中不可缺少的一部分。

模糊语义学主要是对带有模糊性的词语、句子的意义进行研究。比如，"高个子"，多高才算是一个"高个子"？再比如，"美丽"，什么样的人才算为"美丽"？针对这种模糊语义，需要研究的问题有很多：模糊语义都有哪些特性？模糊语义是只局限于外延界限模糊，还是内涵也模糊？同类型（比如，同义词）的模糊词语是否可以具有同一种语义模型或推理模型？模糊集理论是否适用于语义的研究？模糊语义是否可形式化，用什么方式形式化？这些问题将陆续在下文中讨论。

总的说来，模糊语义学的宗旨在于正视语言事实，在模糊中找出规律，使语义理论能够更全面、更现实地解释自然语言中的语义现象。

## 第二节　模糊集理论和语义研究

自模糊集理论在 60 年代提出后，人们采用这一理论对语义问题进行了多方面的研究。这里介绍的是国内外将模糊集理论运用于语义研究的部分成果。

### 一　国内模糊语义的研究

国内学者楼世博、孙章、陈化成（1983）、苗东升（1987）等分别著书将模糊集理论引进自然科学或社会科学的研究。模糊数学方面比较有名的学者是北师大的汪培庄（1981）；一本题为《模糊数学》的学术杂志也应运而生，这类杂志在国外是不多见的。中国模糊集理论方面的研究在世界上是比较有影响的。

就语言学来说，国内不少学者也为将模糊集理论引入语言学和汉语的研究做了大量的工作，创立了新的研究方法，从而使语言学和汉语的研究更加深入。北师大中文系的伍铁平（1979—1993）多年来一直从事语言研究。阅读了美国查德教授的有关模糊集理论的文章后，伍铁平感到这对语言学是"一个具有生长点意义的理论"。他把模糊集理论介绍给国内语言学界，开始了对模糊语言学的系统研究。伍铁平先后发表了很多学术文章，用模糊集理论给汉语以详尽的分析。借助于深厚的外文功底，伍铁平查阅了不少有关模糊集理论的外文资料，将汉语与其他语言进行比较，因而他的文章使读者大开眼界。

伍铁平的主要研究领域为：模糊集理论形成史，语言中所反应的思维的模糊特点，模糊词和模糊概念，影响模糊性的地理、政治、经济、社会等因素，模糊词的转化，模糊语言的定量问题，模糊语言同语言的有（无）标志单位，模糊集理论和术语学、词汇学（包括多义词、反义词、时间词、颜色词等）、修辞学、词源学和词典学等。

伍铁平研究的重点是词的模糊性。他认为词是表示概念的，只有部分概念的外延存在不能一刀切的问题。相反，句义只有歧义，而没有模糊性。然而，我认为句子的模糊性这一说法是成立的，它是由句子所表示的命题真值的等级性来体现的。词的模糊性是由词义的外延适用界限的不确定性来体现的。比如，"二十多"的适用界限没有一个统一的答案。同样道理，"我有二十多个学生"这个句子也是模糊的。这是因为在确定它的真值时，由于此句包含的模糊词，"二十多"，模糊程度性真值在这里也就相应出现了。

伍铁平指出除双关语外，歧义是应该尽量避免的，因为它会造成误解。但是，模糊语言有时在语言中是必要的。这一观点是正确的，本书第三章将详细地讨论有关问题。有一点要指出的是，不少歧义句在一定的上下文中歧义是会消失的。比如，虽然"咬死猎人的狗"脱离语境时有两解："咬死 | 猎人的狗"和"咬死猎人 | 的狗"，但在一定的上下文中可能只剩下一解。比如，在"咬死猎人的狗后来被打死了"一句中，只有"咬死猎人 | 的狗"这一意义合适。而在"咬死猎人的狗的那只大灰狼后来被打死了"中，"咬死猎人的狗"应解释为"咬死 | 猎人的狗"。这就是说，能在实际语言交际中消除歧义的句子并不会造成什么误解。

伍铁平还指出模糊词是不受语言限制的。原因是词是表示概念的，某个词在某种语言中是模糊的，那么它在其他语言中的对应词也很有可能是模糊的。例如，"高个子"这个词在汉语、英语等语言中均带有模糊性。这是因为这个词所代表的概念在各种语言中是基本一致的。但是，歧义一般说来是受语言制约的。伍铁平举例说，"咬死猎人的狗"在英文中就没有歧义，它在英语中通常翻译成"the dog which bit the hunter to death"或"to bite the hunter's dog to death"。反过来说，英语中的"Flying planes can be dangerous"有歧义，"Planes which fly can be dangerous"或"The flying of planes by people can be dangerous"。但是，这句英语翻译成汉语则不会造成误解了，"飞行的飞机不安全"或"开飞机不安全"都不歧义。当然，正如伍铁平指出的那样，也不是所有的歧义都受语言限制。比如，"年轻的男人和女人"在汉语、英语、俄语中都是有歧义的。

石安石（1988）指出查德1965年的论文《模糊集》是现代模糊集理论发展中的里程碑，但并不是模糊语义理论的创始人。除了伍铁平（1983/1987b）在论述查德之前的模糊语义研究的历史时所提到的以外，石安石认为赵元任（1959）的论文对模糊语义问题，特别是歧义、模糊、笼统这三个概念的区分，做了很重要的贡献。

石文阐述了模糊语义和笼统义、歧义、多义的不同。模糊义是指语义边界不明，它是说 A 与非 A 之间没有明确的界限，而不是指 A 中有 B 和 B 中有 A 的语义交叉。语义一般都是笼统的，是否模糊则不一定。同样道理，多义的或歧义的词语是否模糊也不一定。单义不一定都不模糊，多义也不一定都模糊。

石安石指出，语言是有一定的模糊性，但不能走极端，说语言全是模糊的。这种说法是针对把模糊语义扩大化的倾向所提出的。他在查德的隶属度的基础上建立了"模糊度"这一概念，以此对语义的模糊性进行定量分析。石文根据两组词语的调查数据计算了有关的隶属度和模糊度，以此比较不同词语的模糊度，并进一步澄清了模糊和笼统、模糊边界和语义交叉现象的区别。

对石安石的语义模糊度的计算方法，周志远（1990）曾提出过异议。他认为模糊数学中的模糊度观念考虑的仅仅是边界的状况，与自然语言中的语义现象不相符合。而他提出的新观念和新的计算方式则能更好地反映自然语言的语义模糊度的实际。

符达维（1990）发表的文章旨在区分客体模糊、主体模糊和语义模糊。符文认为客观实体的模糊与主体认识的模糊以及语义模糊不是同一论题，指出一些大家公认为模糊的词语（颜色系列词、季节系列词等）其实并不模糊或可以消除模糊。符文认为一切模糊都是数的模糊，并且模糊语义是一个变化过程。他指出，除了从实体存在的中介类的不确定性出发得出"边界不明是模糊语义的本质"的规定外，还可以从关系存在的相对性角度，得到"相对性是模糊语义的本质"的结论。

除了语义的模糊性以外，国内学者还对语音和语法（夏江陵，1985）的模糊性进行了探讨。事实表明在汉语中各种形式的模糊性是大量存在的。另外，人们（张宏梁，1985；胡安康，1985）也强调了模糊语言在语言交际中的重要而独特的功能。郭东培（1986）和王世德（1985）还将模糊集理论用于意境审美或文艺评论的研究之中。

## 二　雷可夫

雷可夫是美国伯克莱加里福尼亚大学的语言学教授。他于 1987 年出版了《女人，火和危险的东西：范畴对人脑的揭示》（Woman，Fire，and Dangerous Things：What Categories Reveal about the Mind），此书讨论的主要内容是认知语言学。

　　早在70年代，雷可夫（1973a）就将模糊集理论引入语义的研究。他指出语义界限有一定的模糊性。以"鸟类"（bird – likeness）为例，知更鸟应为典型分子，它绝对属于"鸟类"；蝙蝠则不大属于此类。雷可夫认为表达"鸟类"所指意义的一个好办法就是将有关的成员按其属于"鸟类"的不同程度排列起来。排列的标准应以每一成员与"鸟类"的典型成员的相似度为衡量尺度。下面引用的是雷可夫给出的"鸟类"的排列：

> 知更鸟
> 鹰
> 鸡，鸭，鹅
> 企鹅，塘鹅
> 蝙蝠

(2.2.1)

　　这个排列较真实地描述了"鸟类"的意义。雷可夫的观点与黑德（Heider，1971）的实验结果相近。黑德所做的实验结果表明，某个范畴中的典型成员和非典型成员是不尽相同的。人们识别典型成员所用的时间比识别非典型成员所用的时间要少一些。她的实验结果还显示，隶属度不是一个一刀切的问题，而是一个不同程度的问题。不同的人可能根据各自不同的经验，知识和理想对某一范畴给出不同的排列。

　　雷可夫还将等级排列概念由隶属度引至真值制定上。与上面（2.2.1）相对应的等级真值（degree of truth）可由下列表示：

> a. 知更鸟属于鸟类。　　　　　（真）
> b. 鹰属于鸟类。　　　　　　　（没有 a 真）
> c. 鸡属于鸟类。　　　　　　　（没有 b 真）
> d. 企鹅属于鸟类。　　　　　　（没有 c 真）
> e. 蝙蝠属于鸟类。　　　　　　（假，或与真相距甚远）
> f. 母牛属于鸟类。　　　　　　（绝对是假的）

(2.2.2)

有一点要说明的是，（2.2.2）中的例子应从自然语言的角度加以理解。鸟类研究专家则可能认为（a），（b），（c）和（d）属全真；而（e）和（f）属全假。从科学术语角度来看，企鹅不是典型的鸟类这一事实并不使"企鹅属于鸟类"的真值为真的程度减低。有关这方面的详细讨论，参见 Zhang（2001）。

雷可夫（1973a）认为模糊逻辑（查德，1965）对语言的模糊性的研究很适用。这里以模糊蕴涵为重点来介绍一下雷可夫的观点。"P→Q"永远成立，当且仅当 | P | ≤ | Q | 。如果 | P | 和 | Q | 只取 0 或 1，那么，"P→Q"与"﹁P∨Q"相等。但如果 | P | 和 | Q | 可取［0，1］之间的任意实数，那么"P→Q"与"﹁P∨Q"则不等。同理，"P→P"是同义重复，但"﹁P∨P"不是，后者是很重要的。设 P 为"这墙是红的"，假如墙实际上红的程度为 0.6，那么，根据模糊逻辑中对"∨"的运算式，"这墙是红的或非红的"的真值则为 0.6。同样道理，雷可夫认为以下命题的结果也是合理的： | 这墙是红的和非红的 | ＝0.4。

雷可夫进一步用模糊逻辑来分析波嫩斯式（Modus Ponens）。他认为可将程度真值引入波嫩斯式：

$$\vdash\alpha P$$
$$\vdash P\rightarrow Q$$
$$\therefore \vdash\alpha Q$$

（2.2.3）

（2.2.3）显示的是，如果 P 在程度 α 上为真，且 P→Q，那么，可以说 Q 亦真至程度 α。

除了命题逻辑以外，雷可夫还将模糊概念引入谓词逻辑：

$$|\forall xFx| = \min \{|Fx|\}$$
$$|\exists xFx| = \max \{|Fx|\}$$

（2.2.4）

麦考利（1981）认为（2.2.4）所提出的结果有可能和人们的直觉相违背。他提出了他认为比（2.2.4）更妥当的运算式，详见本章第2.3 节。

雷可夫也试图用模糊逻辑来重新解释模态逻辑，他给出的公式如下：

$$| \Box P | \omega = \min \{ | P | \omega' \} \qquad \text{for all } \omega' \text{ such that } R\omega\omega'$$
$$| \Diamond P | \omega = \max \{ | P | \omega' \} \qquad \text{for all } \omega' \text{ such that } R\omega\omega'$$

$$(2.2.5)$$

这里的 R 表示选择关系（alternativeness relation）。雷可夫解释说，如果 $| P |$ 在任何情况下不小于 $\alpha$，$| \Box P |$ 取值 $\alpha$，$0 < \alpha < 1$。如果 $| \Box P |$ 为必然真（necessary truth），那么在模糊模态逻辑中，必然真则取值于 $[0, 1]$ 中。雷可夫给出相应的自然语言中的例子是：

大约一半的质数的表达式为 4N+1。

$$(2.2.6)$$

（2.2.6）因为有"大约"，其真值不会为绝对真，但真的程度也不会低。

雷可夫还指出，人们曾试图用多值逻辑来解决自然语言中的模糊性。例如，多值逻辑被用来解释自然语言的隐含（presupposition）这一概念。如果用模糊逻辑来分析隐含问题，结果可能更有趣。

设 $| \_P | = 1 - | P |$

P 隐含 Q，当且仅当 $P \Vdash Q$ 和 $\_P \Vdash Q$

$$(2.2.7).$$

由此而来的是：

P 隐含 Q，当且仅当在所有情况下 $| P | \leqslant | Q |$，$1 - | P | \leqslant | Q |$

$$(2.2.8)$$

（2.2.8）说明只有 $| Q | \geqslant 0.5$，P 才隐含 Q。雷可夫称为完全错误的结果。他给出了以下两个例子：

a. 法国现任国王是秃顶。

b. 法国现在有一个国王。

$$(2.2.9)$$

a. 卡维特（D. Cavett）对他是个高个子感到后悔。

b. 卡维特是一个高个子。

$$(2.2.10)$$

在这两例中，（a）均隐含（b），而（b）命题的真值与此无关。但如果接受（2.2.7）和｜┐P｜＝1－｜P｜，那么，只有（b）值从不低于0.5时，（a）才能隐含（b）。这一结论肯定是不对的。（2.2.9a）隐含（2.2.9b），尽管法国现今并无国王。（2.2.10a）隐含（2.2.10b），尽管卡维特对"高个子"的隶属度可能只有0.3。

雷可夫认为解决这一问题的办法之一是修改赋值法，引入二值对（t，f）。此对含有真假两值，其和为1。基于模糊逻辑的概念，雷可夫为解决以上提到的隐含逻辑的问题，将二值对扩展为三值对（t，f，n），其和同样为1，n为无意义（nonsense）。如果一个命题完全无意义，它的n＝1；t，f＝0。｜┐P｜的真值式如下：

｜┐P｜＝（α，β，γ）iff　｜P｜＝（β，α，γ）

where α＋β＋γ＝1

$$(2.2.11)$$

（2.2.11）表示┐P真，则P假；P真，则┐P假。P和┐P可有同程度的无意义值。（2.2.11）不要求｜Q｜必须是0.5以上，因为｜┐P｜不一定等于1－｜P｜。这是因为，n提供了一个附加的值域来表示非隐含情况。顺便提到的是，如（2.2.11）成立的话，假值则成为多余的，因为它可由真值和无意义值推导而出。因此，只需赋值于配对（α，γ），因为β＝1－（α＋γ）。

雷可夫（1973a）提出有关模糊逻辑的讨论说明我们面对模糊性不必感到束手无策。模糊性可以由形式语义学来处理，而且这一研究将提出很多有意义的问题。就雷可夫看来，模糊限制词（hedges）问题是最有研究价值的。雷可夫认为"很"的作用是使模糊词语的曲线图向右移动或变得细高，而"几分"（sort of）则使其向左移动或变得矮胖。这可由下图来表示。

如图2.2.1（见下页）所示，"很"使"胖"的曲线向右移，"几分"使"胖"向左移。而在图2.2.2（见下页）中，"很"使"红"的曲线变得细高，而"几分"则使其矮胖一些。

让我们再来看一下"几分"修饰"鸟类"的情况：

a. 知更鸟有几分是鸟。　　（假，因为知更鸟是鸟）

b. 鹰有几分是鸟。　　　　（没有a假）

c. 鸡有几分是鸟。　　　　（真，或者很近乎真）

　　d. 企鹅有几分是鸟。　　（真，或者近乎真）

　　e. 蝙蝠有几分是鸟。　　（仍近乎真）

　　f. 母牛有几分是鸟。　　（假）

（2.2.12）

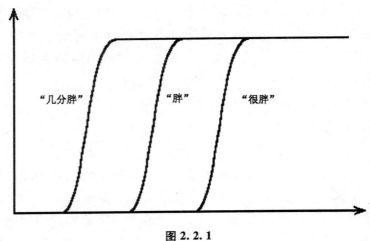

图 2.2.1

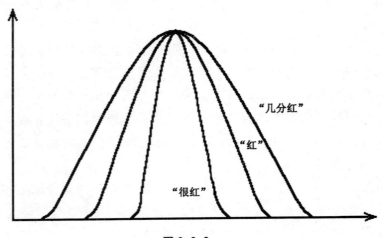

图 2.2.2

　　将（2.2.12）与（2.2.2）比较，可以看出"几分"改变了某些命题的真值。

　　形式语义学对"几分"并无多少研究。"几分"的功能在雷可夫看

来只能以模糊集的形式来表示。与"几分"类似的还有"典型的"、
"十足"、"基本的"、"在某种意义上说"等等。以"典型的"为例，

　　a. 知更鸟是典型的鸟。　　　（真）

　　b. 鹰是典型的鸟。　　　　　（没有 a 真）

$$(2.2.13)$$

　　也就是说，虽然鹰属于鸟类，但它不属于典型的鸟。限制词不但可
以改变模糊词语的隶属度，它还可以揭示出意义的其他方面。请看
下例：

　　a. 小王是一只鸟。　　　（假）

　　b. 小王十足是一只鸟。（真）

$$(2.2.14)$$

　　（2.2.14a）的真值为假，因为小王是人不是鸟。但（2.2.14b）却
可为真，因为它可以描述小王活泼可爱，就像一只飞来飞去的鸟，叽叽
喳喳叫个不停。后者并没有说小王有翅膀什么的。相反，"十足"暗示
小王并不真是一只鸟，只不过是她具有一些与鸟相似的特征而已。博林
格（Bolinger，1972）也提议"十足"（regular）有隐喻之义。

　　雷可夫还讨论了"从术语意义上讲"（technically）和"严格说来"
（strictly speaking）在英语中的区别。请看下例：

　　a. 从术语意义上讲，尼克松是贵格会（或公谊会、教友会）教徒。

（真）

（Richard Nixon is technically a Quaker.）

　　b. 严格说来，尼克松是贵格会（或公谊会、教友会）教徒。（假）

（Strictly speaking，Richard Nixon is a Quaker.）

$$(2.2.15)$$

　　（2.2.15）中，"从术语意义上讲"指的是定义标准，而"严格说
来"不仅要求定义标准，还要求其他重要的标准。尼克松从定义标准上
看可以算作是一个贵格会成员。但从宗教和伦理的特点上看，他又不应
算作是一个贵格会成员。这就是说，符合定义标准，但不符合其他重要
标准。

　　雷可夫提出制定隶属度至少可依据以下四项标准：定义，主要标
准，次要标准，临时特征。头三项标准对隶属度的不同等级的制定有作

用；最后一项虽无此功能，但却能在一定程度上发挥其作用。雷可夫以下列四个限制词为例来进一步说明这四项标准：

"从术语意义上讲"　　——真值取决于定义标准，暗示至少有一主要方面没有达到隶属范畴标准。

"严格说来"　　　　——真值取决于定义和主要标准，这二者均须达到隶属范畴标准。

"大致上说"　　　　——真值主要取决于次要标准，暗示定义和主要方面都没有达到隶属范畴标准。

"十足的"　　　　　——真值取决于临时特征，暗示其他三方面均达不到隶属范畴标准。

$$(2.2.16)$$

雷可夫认为经典模糊逻辑是不能处理（2.2.16）的。因为这需要区别隶属度制定上所用的不同标准。于是，雷可夫提出了以下处理方法。

设谓词 $F$ 有两个值：矢量值｜｜ $F$ ｜｜和绝对值｜ $F$ ｜。绝对值表示一个模糊集的隶属度：

$$|F| = \mu_L$$

$$(2.2.17)$$

设隶属度本身是一个 k – tuple 标准的函数，也就是函数的函数：

设 $\mu_F = F(\mu_{G1}, \ldots, \mu_{Gk})$.

$$(2.2.18)$$

例：如果 $\mu_F$ 是"鸟类"的模糊函数，那么 $\mu_{G1}$ 可为长翅膀的鸟类函数，$\mu_{Gk}$ 可为有羽毛的，等等。定义 k – tuple（$\mu_{G1}, \ldots, \mu_{Gk}$）为谓词 $F$ 的矢量，称 k – tuple 的个项为"语义成分"：

$$||F|| = (\mu_{G1}, \ldots, \mu_{Gk}).$$

$$(2.2.19)$$

与上文（2.2.16）中的四项标准——定义、主要、次要、临时特征—相对应，定义以下四个函数：def（定义）、prim（主要）、sec（次要）、char（临时特征）；和以下四个限制词："从术语意义上讲"（TECH）、"严格说来"（STR）、"大致上说"（LOOS）、"十足"（REG）。

设 TECH，STR，LOOS，REG 为谓词修饰语：

$$|\text{TECH}(F)| = \text{def}(||F||) \cap \text{NEG}(\text{prim}(||F||)), \text{NEG}(f) = 1 - f$$

$$|\text{STR}(F)| = \text{def}(||F||) \cap \text{prim}(||F||)$$

$$|\text{LOOS}(F)| = \text{sec}(||F||) \cap \text{NEG}(\text{def}(||F||) \cap \text{prim}(||F||))$$

$$|\text{REG}(F)| = \text{char}(||F||) \cap \text{NEG}(\text{def}(||F||) \cap$$
$$\text{prim}(||F||) \cap \text{sec}(||F||)).$$

$$(2.2.20)$$

（2.2.20）是（2.2.16）的形式化。以"从术语意义上讲"为例，它的赋值是由定义标准而不是由主要标准来决定的。雷可夫认为，虽然（2.2.20）仍可进一步推敲，但它最起码弥补了语义研究中的一些不足之处。雷可夫还认为模糊限制词"很"、"几分"等属修饰绝对值的。他对此类限制词也做了研究。详见雷可夫（1973a，479—483）。

雷可夫的结论是模糊概念逻辑是可以系统地建立起来的。在自然语言中，真值是在一定程度上的真值，而不是绝对真值。模糊概念本身有其内部结构。语义学是不能独立于语用学的。他指出限制词的讨论表明类似"十足"之类的语义确定主要取决于临时特征或含蓄义，这属语用学的研究对象，所以语义学与语用学是密不可分的。

雷可夫还指出代数函数在限制词语义的研究中起着一定的作用。限制词的研究表明了形式语义学是自然语言逻辑的正确处理方法，并且公理理论（Axiomatic Theories）是不完善的。这是因为公理方法对模糊概念是无能为力的。雷可夫认为除了真值程度以外，无意义程度这一概念对某些限制词的研究也是重要的。模糊隐含逻辑的无意义等级中间值是范弗拉森（Van Fraassen，1971）的超级值理论（supervaluations）所不能处理的（详见雷可夫，1973a，附录 II）。

总之，雷可夫为语言学研究采用模糊集理论作了很大的贡献，他的工作引起了不少同行的注意。近年来，雷可夫（1987）的研究方向主要是认知语言学（Cognitive Linguistics）。值得一提的是，虽然雷可夫在 70 年代曾对模糊集理论对语言学的运用抱有很大希望，他现今的观点是模糊集理论对认知语言学的运用有局限。原因是模糊集理论主要处理一些可以度量的语义特征，但就人们对语言的认知过程及语境对语言的影响等所提供的处理方法不多。

其实，模糊集理论是可以运用于语境的影响和认知语言学的研究的，人们可根据这两方面的要求来灵活运用模糊理论。比如，在度量语义特征的基础上，引用一些必要的语义参数。有关这方面的详细讨论，参见 Zhang（1996）。

### 三　麦考利

麦考利是美国的语言学教授，他于 1981 年著有《语言学家总想知道但却难以启齿去问津的逻辑》（Everything that linguists have always wanted to know about logic，but were ashamed to ask）。在此书的一章中，麦考利全面地考察了模糊集合概念在语言学中的应用。

1. 模糊谓词逻辑

麦考利（1981：370—378）在讨论模糊集概念时举出下列例子：

a. 胖人都是讨人喜欢的。

（All fat persons are jolly）

b. 有些高个子令人讨厌。

（Some tall persons are obnoxious）

$$（2.2.21）$$

如用模糊集概念解释（2.2.21），公式可为：

a. $\mid （\forall x） fx \mid = \min_x \mid fx \mid$

b. $\mid （\exists x） fx \mid = \max_x \mid fx \mid$

$$（2.2.22）$$

或者为：

a. $\min_x \mid \supset （胖 x，讨人喜欢 x） \mid$

b. $\max_x \mid \wedge （高 x，令人讨厌 x） \mid$

$$（2.2.23）$$

然而，麦考利认为（2.2.22）和（2.2.23）中的公式与直觉不大相吻合。比如说，｜基金格（Kissinger）胖｜ = 0.3，｜基金格讨人喜欢｜ = 0.2，那么，｜⊃（基金格胖，基金格讨人喜欢）｜ = 0.2，也就是说（2.2.22a）或（2.2.23a）的真值不能超过 0.2。这在麦考利看来是不符合直觉的。基金格至多不过是（2.2.21a）的一个无关紧要的反例，但它的存在却使（2.2.21a）的真值低很多。另外，根据以上公

式，如果设｜布朗多（Brando）胖｜＝0.9，｜布朗多讨人喜欢｜＝
0.2，那么结果仍为0.2。这也就是说一个蕴涵式中的前项的真值度与
整个蕴涵式的结果关系不大，麦考利认为这是不大容易接受的。

　　另外，存在量词的公式（2.2.22b）和（2.2.23b）也存在同样的
问题。设：

|              | 小王 | 小李 | 小张 |
| ------------ | ---- | ---- | ---- |
| ｜高 $x$｜     | 0.9  | 0.6  | 0.6  |
| ｜令人讨厌 $x$｜ | 0.6  | 0.6  | 0.9  |

$$(2.2.24)$$

　　在（2.2.24）中，｜∧（高 $x$，令人讨厌 $x$）｜的真值均为0.6。
换言之，虽然这三个人本身的真值不尽相同，但对"有些高个子令人讨
厌"这一命题来说，它们的真值是异曲同工的。这又与人们的直觉不尽
相同。

　　这里提出的一个问题就是，量化表达式的真值应该和定义域中的各
个元素有关系。在全称量化中，只有真正的反例才能降低命题的真值
度。也就是说，布朗多要比基金格在减少（2.2.22a）真值时作用大得
多。在存在量化中，如果某个项具有命题中的某一特征比其他个项多的
话，那么此个项对命题真值的影响则应比较强烈。

　　麦考利认为解决问题的办法之一是引进"模糊度"概念。作为测
量反例程度的办法之一，麦考利提出，某个项是否为"所有
f's 是 g's"的反例取决于（i）它属于 f 的程度，（ii）它的 f 性多于 g 性
的程度。那么，a 对（∀x：$fx$）$gx$ 的反例性则可由｜$fa$｜（｜$fa$｜－
｜$ga$｜）来表示。这一公式是比较合理的，因为最合乎反例标准的个
项可为｜$fa$｜＝｜$fa$｜－｜$ga$｜＝1。也就是说，｜$fa$｜＝1，
｜$ga$｜＝0。举个（2.2.21a）的反例的例子，"有一个胖人一点也不
讨人喜欢"。对"所有胖子都讨人喜欢"来说，基金格作为反例的程
度是 0.3×0.1＝0.03，而布朗多则为 0.9×0.7＝0.63。换言之，基
金格对（2.2.21a）的真值为 0.97，而布朗多只有 0.37。这一结果较
接近人们的直觉。

　　麦考利归纳出的全称量化命题真值式为：

$$｜（∀x：fx）gx｜ = 1 - \max_x（｜fx｜（｜fx｜－｜gx｜））$$

$$= \min_x \ (1 - | fx | \ ( | fx | - | gx | ))$$

$$(2.2.25)$$

　　这也就是说全称量化命题的真值为 1 减去反例度最大值。值得指出的是，（2.2.25）是经典真值条件的扩展。例如，如果 $| fx | = 1$，$| gx | = 0$，（2.2.25）则为 0。如果二者均为 1，（2.2.25）则为 1。

　　接下来，让我们看看麦考利是如何处理存在量化的。他认为如果想保持全称量化和存在量化由摩根律［$|$ 所有胖人都讨人喜欢 $|$（All fat persons are jolly）$= |$ 没有胖人不讨人喜欢 $|$（There isn't any fat person who isn't jolly）］来连接的话，那么存在量化命题真值的赋值方法必须与以上我们给出的全称量化赋值方法相一致。尤其是 $\max_x | fx | \ ( | fx | - | gx | )$ 式必须沿用为 "有些 f's 不是 g's"。那么，将 $gx$ 由 $\sim gx$ 替换，得出 "有些 f's 不是 g's" 的真值赋值式：

$$| \ (\exists x: fx) \ gx | = \max_x | fx | \ ( | fx | + | gx | - 1)$$

$$(2.2.26)$$

　　（2.2.26）可将（2.2.24）中的三者分开：对小王来说 $| fx | \ ( | fx | + | gx | - 1) = 0.9 \ (1.5 - 1) = 0.45$；对小李来说，$0.6 \ (1.2 - 1) = 0.12$；对小张来说，$0.6 \ (1.5 - 1) = 0.3$。由此看来，小王的真值最高；小李最低。这种结果与上文的讨论是一致的。

　　（2.2.26）的一个特点是区分 "有些 f's 是 g's" 和 "有些 g's 是 f's"。比如，小王对 "有些高个子令人讨厌" 的真值为 0.45，而对 "有些令人讨厌的人是高个子" 的真值却为 0.12。这也就是说对小王这个例子来说，"有些 f's 是 g's" 的真值大于 "有些 g's 是 f's" 的真值。这一情况对小张也适合。麦考利解释说，这是因为小王与 "高个子" 的关系比与 "令人讨厌的人" 的关系要紧密得多。

　　与（2.2.25）同理，（2.2.26）也是经典真值条件的延伸。在经典情况下，$\max_x | fx | \ ( | fx | + | gx | - 1) = 1$，如果 $| fx | = | gx | = 1$；否则，则为 0。麦考利还对模糊推理进行了讨论，详见麦考利（1981：373—378）。

　　2. 等级真值

　　除了模糊谓词逻辑，麦考利还讨论了等级真值的问题。他指出，用 0 与 1 之间的实数来表示真值可以正确地处理模糊概念。这些中间值的运用可避免人为地划出不切合实际的界限。尽管运用模糊集概念，我们仍需作出一些硬性规定，但活动范围则比以前的非 0 即 1 大多了。以形容词为例，"高"表示一个相对性很强的概念。一个高个子的普通人可能算为一个矮个子的篮球队员。一个就他年龄来说是高个子的六岁儿童可能比大多数矮个子的成年人都矮。这也就是说，"高个子"概念是相对的，不是绝对的。同样道理，"很高"、"偏高"等表示的也都是相对概念。

至于如何形式化地表示"x 很高"，查德（1972）提出了下列方式：

｜x 很高｜＝｜x 高｜$^2$

$$(2.2.27)$$

麦考利认为查德的公式确认｜x 很高｜≤｜x 高｜，这是正确的。然而，它同时也确认一个人同时即可以"很高"也可以"高"；一个人同时可以"不很高"也可以"不高"，因为 $1^2 = 1$，$0^2 = 0$。麦考利提出以下公式以弥补（2.2.27）的不足，此公式不但考虑真值，还考虑高度。

｜x 很高｜＝｜x′高｜，高度（x′）＝高度（x）－3″

$$(2.2.28)$$

由于引入高度这一概念，如果想"很高"，必须比"高"还要至少高 3″。这个任意选择的数字 3″可以根据语境的变化而变化。也可以不用高度，而用其他量值来表示。另外，麦考利又建议两种只计量值，不计真值的公式：

a. ｜x 很高｜＝1，如果 x 比平均高度高出 3″，否则｜x 很高｜＝0.

b. ｜x 很高｜＝$\begin{cases} 0, & 如果 \ t(x) \leq 0.7 \\ 5(t(x) - 0.7), & 如果 \ 0.7 < t(x) < 0.9 \\ 1, & 如果 \ t(x) \geq 0.9 \end{cases}$

$$(2.2.29)$$

$t(x)$ 表示的是"高个子"定义域中至少跟 x 一般高的个体。比如，如果 x 是定义域中最高的人，则 $t(x) = 1$；如果 x 是定义域中的中等个，则 $t(x) = 1/2$。

麦考利指出，（2.2.27）、（2.2.28）、（2.2.29）中给出的不同公式意味着对"很"的不同语义解释。根据（2.2.27），"很"可以与所有的模糊概念搭配。根据（2.2.29），"很"能与所有的可以度量的形容词结合。而（2.2.28）则要求"很"与既是模糊的又可以度量的形容词搭配。比如，"很高"这个例子，它本身是一个模糊概念，无相应的度量标准。"高"可能有一个相对的度量标准，但"很高"是一个相对"高"的概念，其本身没有一个独立的度量域。因此，（2.2.28）和（2.2.29b）规定"很"不应该与"很高"搭配。请看下例（麦考利，1981：382）：

a. How tall is Fred? Véry tall. Very, véry tall.

b. *How very tall is Fred? *Véry very tall.

$$(2.2.30)$$

（类似的还有：*Extrémely very tall, *Quíte very tall.）

但（2.2.27）却允许这种配合，因为人们有时的确说"很，很，很高"或"很，很，很傻"，这一语言事实似乎支持（2.2.27）。其实，"很高/傻"之前的"很"并不一定是加强"很高/傻"的数量程度的。例如，句子"前边的路很长，很长"可能是语气上的强调，并不一定表示此句表示"前边的路"比句子"前边的路很长"所表示的要更长一些。莫克斯（Moxey）和桑福特（Sanford）（1993b）持有相同观点。

另外，很多限制词只修饰可以度量的形容词。比如，人们通常不说"很死/活"，只说"很红/黑"。当然，也可以找出限制词修饰非度量的形容词。例如，在英语中可以说"more or less dead"（基本上死了）。

麦考利指出在英语中"pretty tall"在语义上是说"挺高"，即"高，但不十分高"。我们不要把语义和真值这两个概念搞混。如果 $x$ 对"很高"的真值为 1，那么 $x$ 对"挺高"的真值也应该为 1。这可由下图（2.2.3）来表示。

由图可见，从真值角度看，如果 $x$ 对"很高"的真值为 1，那么它对"挺高"的真值也应为 1。麦考利给出以下例子：

Is Wilt pretty tall（Wilt 挺高吗）？

Yes/*No, he's over 7 feet tall（是/*不，他七尺以上）.

$$(2.2.31)$$

这就是说，英语"很高"在真值上是蕴涵"挺高"的。下面考察一下汉语中类似的句子：

小王挺高吗？

答案 1：小王不是挺高，他很高，一米八五。

答案 2：小王很高，一米八五。

(2.2.32)

汉语的例子与英语的例子回答方式不同。从语义上看，汉语中的"很高"和"挺高"是否有包含关系有一定的模糊性，答案 1 显示二者无包含关系，答案 2 却默认有这种关系。尽管如此，考虑真值问题时，图 2.2.3 还是成立的。

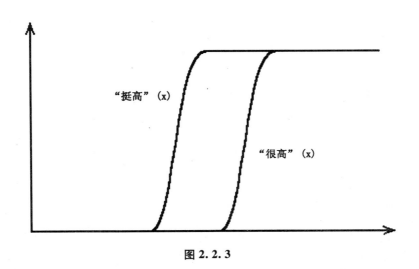

图 2.2.3

麦考利还提到塞道克（Sadock，1977）对有关话语隐含（conversational implicature）问题的论述。塞道克认为用词的恰当性与语境等很多因素有关，并不是越精确越好。如果敖德萨（Odessa）的人口为 979795 的话，那么（2.2.33a）比（2.2.33b）要适当得多。

a. 敖德萨的人口大约有一百万。

b. 敖德萨的人口大约有 990000。

(2.2.33)

这是因为"大约有一百万"符合"语言努力"（linguistic effort）的原则，即花费最小的"语言努力"。句子的语义也主要靠语言的"合作"（cooperativity）原则来确定，详见本书第三章，第 5.3 节。

　　然而，这种话语隐含在真值条件逻辑中是很难反映出来的。比如，只要小王的高度不为 0，"小王大约一米七五"的真值就不会为 0。塞道克的这种观点不为麦考利所采纳。后者认为真值制定不应与语言实际完全脱节。另外，麦考利也对隐含问题做了比较详细的论述。详见其著作（1981：384—394）。

　　总之，麦考利对语言中的模糊性及模糊集理论对其的运用作了较详尽的研究。他对此方面的贡献是人们所公认的。以上主要讨论了模糊集理论对语义研究的运用。下面在比较广泛的意义上，分别从几方面综述一下国外有关模糊语义的研究成果。

## 第三节　自然语言

　　所谓自然语言学派是以自然语言中的实验数据为基础，从语言学角度来探讨模糊语义的。这种学派立足于实际语言资料，通过分析实际数据而得出结论。

### 一　舍乃尔

　　舍乃尔（J. Channell）1983 年从英国约可（York）大学获取语言学博士，曾任教于英国。她的研究兴趣是语言学的实际应用。她对模糊语义学的研究主要见于她 1983 年的博士论文和 1994 年由英国牛津大学出版社出版的《模糊语言》（Vague Language）一书。在书中，她考察了英语是如何提供不同形式的模糊方法的。她的研究将语用学的原理应用于模糊语言，描述了模糊语言的不同形式，同时也说明了它们的语用价值。最值得一提的是舍乃尔的结论基于实际语言材料，而不是纯理论的研究。

　　在著作中，舍乃尔主要讨论了两种模糊词语：数量模糊，比如，"大约十个人"；和模糊范畴标志（fuzzy category identifiers），比如，"类似电影之类的东西"。在舍乃尔的语言实验中，她调查了二十六个 York 大学的一年级学生。虽然我认为舍乃尔的调查有一些技术上的小问题（Zhang，1996），但总的来说，她的研究是有说服力的。

　　在讨论模糊量词时，舍乃尔就英语中的"近似化词（approximator）

＋ n"类型作出以下结论：

1. 语言中存在着一些词语，它们的作用是使语义模糊化。比如，"二十"加上"大约"以后就变模糊了。"大约"这类词语的作用就是使语义模糊化。

2. 模糊数量语义是由一个连续的数字域来表现的。比如，"大约二十"可以由十五至二十五之间的数字组成。

3. 不同的模糊量化修饰语将控制数字域的制定。比如，"大约二十"和"二十多"的数字域不一定相同。原因是"大约"和"多"是不同的模糊量化修饰语。

4. 虽然人们对某个语义域的中心元素看法基本一致，但对边缘成分看法却不一致。以"大约二十"为例，人们普遍认为"二十"是属于"大约二十"的语义范畴，对此意见比较统一。但是，就二十五是否属于"大约二十"的语义范畴这一问题，则众口不一了。

5. 模糊量词中包含的数字（比如，"大约二十"中的"二十"）的大小和形式对其数字域的长短有影响。比如，"大约二十"和"大约二万"的数字域的长度会因为"二十"和"二万"这两个数字的大小的不同而不同。

6. 模糊量词中包含的数字是否为约数对其数字域的长短有影响。比如，"大约二十"的数字域一般来说要比"大约二十一"的数字域长一些。原因是"二十"是约数；而"二十一"则不是。

7. 被修饰部分的性质与数字域的制定有直接关系。比如，"大约二十个男人"中的"男人"相对于"大约二十个蟑螂"的"蟑螂"，"男人"的性质和"蟑螂"的性质有所不同，致使"大约二十个男人"和"大约二十个蟑螂"数字域也有所不同。

8. 语境对模糊量词的语义有影响。比如，在一个睡房中的"很多人"和在一个大广场上的"很多人"的语义值应该是不一样的。

9. 含有精确数字的命题（比如，"他二十岁"）蕴涵含有模糊数字的命题（比如，"他大约二十岁"）。

舍乃尔认为即使是含精确数字的词语也可能表示模糊语义。比如："我今天下午两点去你家"。句中的"两点"就可能是一个模糊词语，即"两点左右"。它不一定必须是两点整，一分不差。

　　在讨论"类似电影之类的东西"这一类模糊词语时，舍乃尔把"类似……之类的东西"叫做"标签"（tags）。在英语中，这类"标签"可以促使形成一个模糊范畴。这种范畴的制定与语义和语用均有关系。某个范畴以典型元素为中心而形成，比如："电影"就是"类似电影之类的东西"这一模糊范畴的中心成分。她还认为语言使用者需要分析语用信息以识别某一模糊范畴。语用范畴包括以下几方面：语境、文章或会话的目的，人们的知识等。

　　至于模糊词语的语用功能，舍乃尔总结出以下十点：

1. 提供恰到好处的信息

2. 不想说明详情

3. 具有劝导性

4. 词义中断的过渡

5. 缺少具体信息

6. 置换作用

7. 自我保护

8. 有力和礼貌

9. 非正式的气氛

10. 女士语言

　　舍乃尔认为研究模糊语言在交际方面的功能有一定的理论意义。第一，模糊语言是大量存在的。第二，语言使用者并不觉得使用模糊语言有什么特别的困难，人类的认知能力可以对付模糊概念。

　　舍乃尔提出，应该十分重视模糊语言的研究，因为模糊语言是语言的一个重要部分。模糊语言不可能精确化，因为它是语言本身的特点。模糊词语并不是一些无关紧要的，带有停顿性质或承上启下性质的词语，它们是为语言交际而特意选择的。人们选用模糊词语并不是因为缺乏语言能力。能否正确地使用模糊语言代表着一个人的语言运用水平，因为它是语言交际的一个必不可少部分。比如，一个会计在被问到有关开支而手头又无精确数字时，他必须会用"大约五百元"之类的模糊词语。舍乃尔确信模糊语言的恰当运用能使语言锦上添花。就英语来说，舍乃尔认为模糊语言多出现于口语，而不是书面语。

　　舍乃尔评论到任何模糊语言表达的均为不确定语义，它反映的概念也具有同样的性质。模糊语义与语境是紧密相关的。正确地理解这种语义，光有词汇和语法知识是远远不够的，还必须具有一定的语用知识。

接下来，介绍一下舍乃尔就模糊语言与其他相关问题的一些探讨。

1. 模糊语言和语言理解

在理解模糊语言的时候，除了语义和语法以外，其他有关方面也必须考虑。比如，人们本身的知识，兴趣等。这也就是说，在理解模糊语言时应该拨开表面字义，深入发掘一些潜在的信息。菲尔莫尔（Fillmore，1977）也曾指出，语言的解释不仅仅是直接的原文解释。它与记忆，知识，解释者的感知，以及一系列解释过程中相关的程序都有一定关系。米尔罗伊（Milroy，1984）也指出在释义过程中，听者的推理过程也有着不可忽视的重要地位。人们常会问：在特定的语境中，就我所知道的情况，这句话的意思会是什么？米尔罗伊认为人们都会先问这一问题，如果回答不出才转向句子本身的句法结构和词语的意义。而不是先看后者，回头再来问那个问题。换言之，内部语法结构和语言理解的关系是间接的。阿伦（Allan，1981）所举的例子很说明此问题。英语中的"lamb"意指羔羊肉或羔羊皮，或与羔羊有关的其他方面和特点。至于到底属哪种意义，这要视具体语境而定。他列出了一些此方面的推理规则。克拉克（Clark，1978）也给出了类似的推理程序。

舍乃尔推断，实验数据会证明人们对模糊语言的判断相似度显著。布鲁讷（Bruner，1973）也指出：人们之所以可以不局限于所提供的信息来理解语言，是因为他们能够把所提供的信息放入一个更高一层的解码系统中，从中找出更多的信息。这种过程基于所知的偶然可能性或所知的有关材料的原则。换言之，人们试图把所提供的信息归类于某一范畴。

2. 模糊和范畴

舍乃尔认为她的语言分析显示了人们可以超越所提供的信息，运用范畴制定的原则来确定某一语言范畴。在概括意义上讲，这是认知上的一种把各项归入范畴，将所给的事物与适当的范畴挂钩的偏爱。

一般来说，范畴（鸟类，食物等）具有模糊性。但是一些极特殊的范畴可能不具有模糊性，前提条件是说者和听者必须对范畴中的成分有一致的语用假设。舍乃尔举出这样一个例子，"必须记着问我的秘书的事情"（things I must remember to ask my secretary）。这个范畴此时此地对舍乃尔来说包括：辛克莱（J. Sinclair）的电话号码，康维（Conway）办公室的地址，一份明年项目预算，她自己是否今天想早下班？如果把这一范畴叫做"辛克莱的电话号码及其他"，不知内情的人则很难知道这一范畴中到底应该包括些什么。这是因为其他人不可能超越所给的信息，想出舍乃尔脑中所想的带有随机性的东西。

　　舍乃尔的实验结果与查德（1975）对模糊的解释十分相近。查德认为人们慢慢地认识到人类的认知和与外界的相互交涉多是以模糊子集的方式进行的。换言之，无确切边界的范畴从属于到不属于的过渡是渐变的。因此，对人类推理的逻辑分析，二元甚至多元逻辑是不能胜任，而用的应是一种具有模糊真值，模糊连接词，模糊推理规则的逻辑。舍乃尔还指出她的实验结果证明集合的内部结构与雷可夫（1973a）和罗彻（Rosch，1975a）所阐述的内部结构一致。比如说，在舍乃尔的实验中，人们认为 15 属于"大约 15"；所有参加实验的人都同意苹果属于"橙子之类的东西"。然而，在每个集合的边缘处（outer edges），这种一致性则消失了。

　　3. 语言和客观世界

　　舍乃尔赞同查德（1975b）的观点，行为现象最好用模糊模型来处理。有些语言是模糊的，人们把这种语言理解为模糊的，同时也赋予它模糊意义。作为一位数学家，盖尔班德（Guilbaud，1977）争辩说交际的模糊性是必然的。以报纸为例，它们的报道充满数字；有些是准确的，有些是不十分确切的。运用近似数字并不一定是一种谎言，这是因为有时用"近似"之类进行交际和思维是不可避免的。

　　模糊性在语言及其相关的领域中的作用是独特的，甚至在人们普遍认为精确的领域，诸如科学，经济，医学，也存在着模糊性。语言是为客观世界的需求而存在和改变的，要想符合千变万化的客观世界的要求，语言必须具有一定的灵活性。模糊性是灵活性的一个重要组成部分。因此，语言必须具有模糊性，别无选择。

　　值得一提的是，舍乃尔认为客观事物有很多本身就是模糊的，或在人类感知意义上讲是模糊的事物，因为人类的感知是带有生理和神经方面的限制的。我同意舍乃尔的客观世界存在着一些感知意义上的模糊事物的观点，但不认为客观世界本身有模糊事物的存在。有关这方面的讨论，详见 Zhang（1996）。

4. 模糊语言和语言学

舍乃尔得出的一个总的结论是，模糊词语的解释是不可能与相关的语境和推理脱节的。换言之，传统语义学，脱离语境的语义研究等是不全面的。莱昂斯（Lyons，1981）也认为要想详细解释句义，语境的考虑是必须的。这也就是说，单纯研究字面意义的方法是意义不大的。如果这一原则成立的话，那目前不少有关意义的理论都应该重新评估。

舍乃尔坚持意义的研究应立足于实际语言材料，因为这可确保语言与语境挂钩。比较完善的语言模型应由两方面组成：词汇表和非语言知识。词汇表中的每一词条应包括多种语义关系，诸如，纵聚合（paradigmatic）关系（苹果/橙子），类包含（class inclusion）关系（父母/母亲），横组合（syntagmatic）关系（大学/学生）。非语言知识包括语用方面的信息。

舍乃尔认为她的语言模型像一个词汇关系系统，直接与非词汇信息和理解规则相联系。举例来说，"五六个学生没来上课"形成一个以"n or m"的词项排列。随之而来的问题是这种排列与其他相关排列的联系，以及这种用法是因为不知道详情还是故意隐瞒。这种模型可以提供在听者重建语境的测试中人们可以观察到什么的信息。测试类似模型时可包括听者在为实验所制定的有限的语境中的反应，以及语言运用的观察。当然，用于实验的语言材料不应该是人为编造的。

舍乃尔方法的优点在于通过使用语言实验的科学方法来加强语义的研究，以此弥补纯理论方法的缺欠。它使意义研究的范畴扩大了。舍乃尔认为运用大规模的语言库来进行语言实验型的语义研究现今并不难办到，而且人们也正朝着这方面努力。舍乃尔还提到了在学习一种语言时要花精力学好模糊语言的使用，在何时何地使用何种模糊词语会产生何种效果，这些问题都是很重要的。比如，模糊语言可用来表示礼貌；不会运用模糊词语，遣词造句则会显得呆板。另外，在词典编纂中，对模糊词语的解释也应包括它们的模糊义和用法。这样对使用者会大有好处。

最后，舍乃尔从以下几方面阐述了模糊语言研究的进一步开展：

（1）模糊语言和词汇研究。舍乃尔所研究的模糊词语很多是由几个字组成的，比如"类似这种东西"（and things like that）。值得探讨的一个问题是这类词组是否可算为一种惯用法（idiomaticity）。有一些词也可能是一种隐喻（metaphor）。比如，"负担/重任"（load）和"制约物"（bit）均属于这类词语。舍乃尔预言如果把这种研究与认知语法（Cognitive Grammar）的研究结合起来进行将会收获不小。模糊词语的研究与多义词理论也有紧密的联系，对此方面的深入研究可使词汇学理论进一步完善。

（2）模糊语言和语言变体分析。比如，澳大利亚英语中可能有一些独特的模糊语言现象。另外，也可以就语言的不同风格进行考察。口语和书面语对模糊语言的需求和采用可能会有一定的差别。

（3）模糊语言和心理语言学。应该研究一下如何从心理语言学角度建立模糊语言模型。人们是如何理解和运用模糊词语的，这一问题的探讨和语言学上的研究是相辅相成的。只有从多方面对模糊语言进行研究，才能最终得出一套完善而切合实际的理论和方法。

## 二　赫释和卡拉摩扎

赫释和卡拉摩扎（1976）认为自然语言中的概念是由意义组成的模糊集合来代表的。语言中的修饰成分，诸如，副词，否定词，形容词等等，均可被看做为模糊集合的算子。在一系列的语言实验中，他们试图将模糊集理论运用于意义的研究。实验的词语有"很小"、"有几分大"，等等。参加实验的人要判断一组词语和一组四方块的对应关系。结果表明，这组词组的释义符合模糊集理论的推断，证明了自然语言是可以用模糊集合来表示的。

值得注意的是，赫释和卡拉摩扎指出查德（1972，1973a）有关语言算子的公式与他们的实验结果不相吻合。比如，查德的公式为 $|很 P| = |P|^2$，可这没被实验结果所证实。人们给第八号四方块对"大"的隶属度是 0.75，但给它对"很大"的隶属度却是 0.12。根据查德的公式，后者应该是 $|0.75|^2 = 0.56$。

其实，就作者本人来看，我们不应该教条地来用查德的公式。此公式不过是显示"很"的功能，也就是将它所修饰的词语的隶属度值缩小。至于具体的计算方法，还要根据具体的语境而调整。这里需要再重申一下的是，模糊集理论中的确切数字并不应理解成类似数学中的精确数字，它们是用来表示抽象的函数、距离和关系概念的。人们常常批评模糊集合理论中的确切数字与语言的实际不大相符，这对模糊集理论的核心有所误解。应该强调的是模糊集理论是通过这些数字来表示一种关系的，这种关系正确反映了人们和语言的行为。这些数字本身并无什么举足轻重的作用，在某种意义上说，它们是一些抽象数字，并不要求与实际情况相符合。有关此方面的详细讨论，可参见本书第一章中的第三节。

### 三　莫斯泰勒和尤兹

莫斯泰勒（Mosteller）和尤兹（Youtz）（1990）的研究目的是将表示可能或频率的词语标准化。他们收集了二十份不同的语言实验资料，其中一共包括对五十二个词语的调查数据。比较结果显示人们对词语意义理解的分歧是不大的，尽管他们来自不同的社会背景（学生，医生，医疗技术员和科技作家）。另外，虽然这二十个实验的方式不同，但它们所得出的结果却大同小异。这种统一性为标准化研究奠定了基础。

莫斯泰勒和尤兹的结论是，通过确认人们对这些词语的意义有什么样的理解和观察人们对这种理解的满意程度，可以找出使这些词语的意义标准化的方法。比如，他们发现，"可能"（likely）被理解为有 0.71 的可能性（带有 0.15 的活动范围），即 0.79 和 0.64 之间的数字均可算为有"可能"。换言之，如果说什么事是有可能的，则这件事发生的可能性介于 64% 和 79% 之间。莫斯泰勒和尤兹为不少词语给出这种平均值。他们认为这种平均值使人们对这类语言的理解和运用有一个统一的标准，从而促进语言交际的标准化。

孔（Kong）等人（1986）也提倡这种标准化。他们在美国进行了一个全国性的实验。实验的基地在麻省总医院，是通过电脑联网来进行的。实验对象是十二个常用的可能性词语。对这些词语中值（median value）的理解，三个实验组（医生，学医的学生和其他专业人员）之间的意见基本一致。与其他实验的调查结果相比，虽然中值有所不同，但就这十二词语的等级排列来看，其中有七个是相同的。当然，要想不同调查统计中词语的中值完全相等是不大可能的。

由此得出的结论是存在于各个专业组之间的统一认识对诸如此类的标准化研究是有利的。这种标准化会使医学界及其他领域获益不小。这种调查显示了人们有这种标准化的要求，并且说明这种标准化调查也不是十分困难的。问题是实验的结果是否可为人们所接受，是否准确无误。

克拉克（H. Clark，1990）在评论莫斯泰勒和尤兹工作时指出，"高"意指"比某种标准高度高"（greater than some norm in height），这个意义不应该随语境的变化而变化。能变化的是为理解"高"的语义而指定的标准高度。比如，给"高草"（tall grass）的标准高度会不同于给"高树"（tall tree）的标准高度。克拉克说莫斯泰勒和尤兹实验中所用的词语与"高"的性质相似，即它们是带有相对性的形容词和副词。克拉克认为用取各种不同语境中得出的数值的平均数来进行标准化的方法是不够准确的，这是因为我们是不可能考虑所有的语境的。

就我本人看来，克拉克所说的"比某种标准高度高"的意义可称其为内涵义。内涵义相对应的是外延义（extensional meaning），外延义是指一个词语的所指。比如，"高"的外延是指一切属于"高"的人和物。从这种意义上说，模糊词语的内涵义是确切的，其外延义则是模糊的，而且随语境的变化而变化。

沃斯坦和巴德斯楚（1990）在赞赏莫斯泰勒和尤兹的研究成果的同时，指出大规模的对可能性词语的标准化不应是我们的研究目标。原因有以下四点：个人之间的不同；每个人有每个人对模糊词语的理解；语境影响；模糊性的必然趋势。他们还指出不应该人为地使可能性词语变得比它们本身精确。在一些场合中，模糊信息是有用的。语言交际是应该尽量准确无误的，但不必要的精确是不可取的。

就作者个人看来，莫斯泰勒和尤兹的工作在某些方面还是有意义的。比如，有些时候，人们必须知道到底多少是"经常"。在天气预报中，人们想知道"可能"的百分比到底是多少。在这些情况下，将可能性词语标准化是达到目的的方法之一。然而，在一般语言交际中，可能性词语是不精确的，重要的是也没有必要改变它们的这种性质。另外，标准化方法对复杂的模糊词语是不大适用的。比如，我们可以对"大约二十个苹果"作一个调查，然后给出一个平均值，这不应该很难。但要想对"很多"做同样的工作就不大容易了。它的平均值可能是 10，也可能是 1000 或 100000。"很多"的解释与语境关系密切，所以它的标准化相对也就困难一<u>些</u>。

因此，标准化在必要的场合是合情合理的，但认为这种标准化处处需要却又是不切实际的。从语义学角度来看，主要的研究对象应该是模糊语义的内部结构，而不是赋予的具体语义值。后者是随语境的变化而变化的，语义的内部结构才是语义学所要研究的主要内容。

### 四 普林斯及合作者

普林斯（Prince）及合作者（1980）研究了两种类型的限制词。调查的方法是通过医生之间的谈话和开会记录来收集语言资料。他们的最初假设是医生们对医学技术问题的交流应该是没有问题的，但在讨论医学道德问题时可能会有一定的困难，因为他们不具备这方面的正规训练。这一假设最终却与事实不符。调查结果表明即使在谈论技术问题时，医生们的语言也表现出很大程度的不确定性。下面是普林斯及合作者（1980：87）所举的两例。

例一：

他体重 3.2 公斤<u>左右</u>，<u>基本上</u>和他刚出生时一样。（His weight was *approximately* three point two kilograms, um which is *essentially* what his birth weight was.）

例二：

a. 我没有试用大一<u>些</u>的管子，因为他来的时候就有一个从别的地方带来的 2.5 号的，<u>几乎</u>要掉下来了，所以我们马上把它换了。（I didn't try a larger tube, because he came in with a two and a half from the other place that was *almost* falling out, which is why we changed it right away.）

b. 车撞着了他的左边。他父母说他<u>略微</u>掠过汽车，然后倒在了地上。他并没有<u>真的</u>摔过去。（The car hit him on his left side and, as described by his parents, he *sort of* grazed off the car um and fell to the ground. He didn't—he wasn't *really* thrown.）

c. 问：那家想要你做什么？答：我想那个家庭还<u>不十分</u>肯定。（Q：What would the family like you to do? A：I don't think the family *quite* realizes, *entirely*.）

从例中可以看出即使在讨论医学问题时，医生们也用模糊限制词。这种限制词被普林斯及合作者称为制造模糊的词语。他们认为限制词用两种截然不同的方法使词语模糊化。一种是语义本身模糊，另一种是说者和语义之间关系上的模糊（1980：85）。后者是指说者对命题真值的许诺（speaker - commitment）程度。举例如下：

a. 他的脚是<u>蓝色的</u>。

b. 他的脚有<u>几分蓝</u>。

c. <u>我认为</u>他的脚是蓝色的。

$$(2.3.1)$$

（a）表明说者知道"他的脚是蓝的"。这是一个标准的，没有限制词的句子。虽然（b）句的意义与（a）稍有不同，但说者还是与（a）句的说者一样对句子的真值是持有投入态度的。"有几分"这种限制词可能会影响命题真值，但与说者的许诺程度无关。相反，虽然（c）与（a）的命题内容相似，"我认为"这一限制词暗示了作者对此命题真值的许诺程度比较低。

普林斯及合作者列出以下两大类限制词：

（1）近似化词：它们影响命题的内容。影响的方式有两种：通过"改变算子"（adaptor），使词语变得非典型（比如，"很多"中的"很"）；通过"模糊化算子"（rounder），使精确词语含有模糊意义（比如，"大约三十"中的"大约"）。

（2）遮掩词（shields）：它们影响说者许诺的程度和类型。这类限制词通过以下两种形式表示说者的不完全性许诺：说者自己的主观判断；说者自己无直接知识，只是间接地引用别人的判断。前者包括"我想"（I think）等，后者包括"据他估计"（according to his estimates）等。

普林斯等人认为近似化词将语义本身模糊化，而遮掩词并无此种影响。因此，"燕子是一种鸟"和"我想 \ 据小王说燕子是一种鸟"的语义真值应该无什么差别。差别在于后句的说者对真值不大肯定。由此而来的是，近似词和遮掩词是无什么共同之处的。近似词与语义研究紧密相连，改变它们所修饰的词语的语义隶属度，而遮掩词则属语用学研究的对象。普林斯等人还正确地指出精确的概念标准的缺乏使人们在语言交际中使用模糊词语。

　　以上综述了自然语言派的研究成果。从所讨论的语言实验数据和资料看，自然语言中的模糊性是不可忽视的。人们试着用各种方法去描述和解释它，以期使之为人类语言交际的完善做出贡献。事实上，模糊语言，如同精确语言一样，在人类语言交际中起着十分重要的作用。

## 第四节　形式语言

　　介绍了自然语言派的研究成果后，这里要讨论的是形式语言派对模糊语义的研究。人们常有这样的误解，模糊语义学是很难形式化的。其实，模糊语义是可以形式化的，只是因为它的不确切性，形式化工作必须采用一些非传统方法。

### 一　布莱克

布莱克（Black）早在 1937 年就提出了一种模糊词语形式化的处理方法，称之为模糊度剖面图（consistency profile）。布莱克把某个词项 $T$ 对某个元素 s，s∈S，的模糊度定义为：

$$C(T, s) = \lim_{\substack{M \to \infty \\ N \to \infty}} \frac{M}{N'}$$

$$(2.4.1)$$

$M$ 表示 $s$ 属于 $T$，$N$ 表示 $s$ 不属于 $T$，lim 为 $M$ 或 $N$ 的边界。这里，模糊度剖面图是由函数 $C(T, s)$ 在适用域 $S$ 上来表示的（见图 2.4.1）。

　　正如赫释和卡拉摩扎（1976）指出的那样，此图勾画了一个典型的例子，最不确定的情况可为 $C(T, s) = 1$，即 50% 是，50% 否。在此

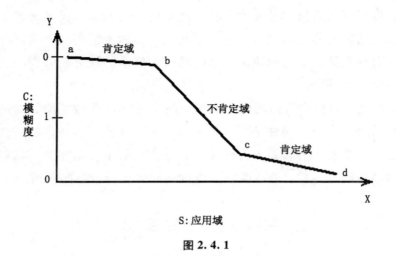

图 2.4.1

剖面图中，b 至 c 一段表示模糊地带。

模糊度剖面图描述了模糊词语外延界限变化的情况。这种方法与查德（1965）的基本一致，即他们都认为模糊词语的语义适用界限是具有渐变性的，不是一个一刀切的问题。不同的是，查德用隶属度的形式对模糊性给予数量化描述，而不是这里所用的模糊度。

海姆派奥（Hempel，1939）将上述公式（2.4.1）进一步发展为以下公式，目的是把 C 值限于 0 和 1 之间。海姆派奥的公式如下：

$$C\ (T,\ s)\ =\ \lim\ \frac{M}{M+N'}$$

$$M \to \infty$$

$$N \to \infty$$

$$(2.4.2)$$

这里，某元素 $s \in S$，其 T 的模糊度限于用 ［0，1］ 之间的值来表示。

重要的是，布莱克早在 1937 就提出了模糊性应该用模糊度来表示，这表面看起来简单的提法指出了一个语言的实质性问题。他的这种提法大大早于查德的模糊集理论，为后来的模糊性研究奠定了基础。

## 二　韦池泰奥的工作

韦池泰奥（Wachtel，1980，1981）对近似值（number approxima –

tion）的处理方法是规定一个以恰当的约数（appropriate round number）
为中心的区域，在此区域中的元素均在一定程度上属于典型元素（即指
定的约数）。位于典型元素一边的 $n$ 与位于典型元素另一边的 $m$ 的隶属
度相同，前提是它们离典型元素的距离相等。

　　以一个含有"大约"的近似值计算式为例。近似值区间的长短是由
一个从 $C$（语境的集合，a set of contexts）到 $F$（约数函数的集合，a set
of rounding functions）的函数来决定的。此函数指派一个适当的数字集
合来表示近似值。"约数"是由（2.4.3a）来定义的，其中 $R$ 是一个由
$C$ 到 $F$ 的函数，$N$ 是数字集合。（2.4.3b）中的 $F$ 是 $N$ 至 $N$ 的一组函
数，$| n |$ 表示的是 $n$ 的绝对值。（2.4.3c）中，"大约"的表达式被定
义为一个函数，由语境和数字到数字的一个函数。对所有的 $n \in N$，所
有的 $c \in C$（韦池泰奥，1980）。

　　a. 所有 $n, m \in N, c \in C, n$ 是 $m$ 在 $c$ 上的适当约数，当且仅当
$R（c）（m）= n$；

　　b. $F = \{f: （x, y）[f（x）= y \rightarrow （z）[| z - y | \leqslant | x - y | \rightarrow f（z）= y]]\}$；

　　c. 大约'$（n, c）= \{x: R（c）（x）= n\}$.

$$（2.4.3）$$

　　这里，$R$ 选择适合于某一语境的约数函数。一个命题，比如"小王
大约有三十个同学"的真值相对于语境 $c$ 可为真，当且仅当30在 $c$ 中是
小王的同学人数的适当约数。这也就是说小王的同学的数目是"'大
约'$（30, c）$"的元素之一。

　　下面，用（2.4.4）来解释一下（2.4.3b）是如何运算的：

___｜___｜___｜___｜___｜___｜___｜___
　　x　　y　　z　　n　　z　　y　　x

$$（2.4.4）$$

　　（2.4.4）图示（2.4.3b）的函数假设。设 $n$ 为典型元素，$z$ 离 $n$ 的
距离比 $x$ 和 $y$ 都近，$y$ 又比 $x$ 离 $n$ 近一些；那么，"如果 $x$，那么 $y$ 和 $z$"
成立。

　　后来，韦池泰奥（1981）进一步扩展了（2.4.3），为的是回答舍
乃尔（1980）对其处理方法的批评。舍乃尔认为韦池泰奥的公式能处理

的类型是有限的，即对一些近似化类型是不适用的。韦池泰奥辩解说不同类型的近似值都是可以用（2.4.3）来处理的，此公式并不用作什么根本上的改变。他解释说虽然（2.4.3b）似乎只能处理正态分布型，其实它也可以处理非正态型。要使（2.4.3）能够处理正态分布（比如，"大约二十"），同时也能处理非正态分布（比如，"二十多"），只需对（2.4.3）稍作添加。以下是韦池泰奥给出的公式，这里介绍的是简化式，完整公式请参阅韦池泰奥（1981）的原文。

　　设 $A = \{i, j, k, l\}$，$i$ 和 $j$ 表示的都是正态分布型，它们之间唯一的不同是可允许的区间长度（permissible latitudes）的不同；$k$ 和 $l$ 表示的都是非正态型，它们之间唯一的不同也是可允许的区间长度的不同。设 $H = \{h_1, h_2, h_3, \cdots\}$，一个从数字到数字的函数，表示正态或非正态的分布。再设 $G = \{g_1, g_2, g_3, \cdots\}$，一个从语境到语境的函数，表示可允许的区间长度的不同。那么，对所有 $n \in N$，$c \in C$，

a. $i'(n, c) = \{x: R(g_1(c))(x) = h_1(n)\}$；

b. $j'(n, c) = \{x: R(g_2(c))(x) = h_1(n)\}$；

c. $k'(n, c) = \{x: R(g_1(c))(x) = h_2(n)\}$；

d. $l'(n, c) = \{x: R(g_3(c))(x) = h_3(n)\}$．

$$(2.4.5)$$

　　在（2.4.5）中，$i$ 和 $j$ 的区别是，$i$ 相对于 $g_1$，$j$ 相对于 $g_2$，即在不同的语境中，可能得到不同的区间长度。而二者的相同之处是它们都是正态分布，这是由 $h_1$ 来显示的。接下来，$k$ 与 $i$ 不同的是它们有不同的 $h$ 值，即 $k$ 是一个非正态分布型。最后，$l$ 与 $i$，$j$ 和 $k$ 不同的地方是，前者与后三者的 $g$ 值和 $h$ 值均不相同。由此可见，（2.4.5）的确是既可处理正态分布型，又可处理非正态分布型近似值的。

　　比较（2.4.3）和（2.4.5），以 $F$ 和 $R$ 为主的基本系统是没有改变的。后者只是加进了一些参量而已。下面的（2.4.6）是一个综合性公式。其中，$A$ 是近似化词项的集合。对所有 $a \in A$，存在着 $\{g, h\} \in G \times H$，对所有 $n \in N$，$c \in C$，

　　$a'(n, c) = \{x: R(g(c))(x) = h(n)\}$．

$$(2.4.6)$$

　　这里，$R$ 和 $F$ 保持不变。$G$ 和 $H$ 的引入为的是表示各种不同的近似

化修饰语的不同语义类型。

舍乃尔（1983：208）认为韦池泰奥的方法有一个问题，这就是它极度的概括性与人们的直觉相违背。她解释说韦池泰奥的公式用同样的方法处理各种不同的类型，这与实际是不相符的。舍乃尔给出的例子如下：

a. 这大约是一英寸长。

≡

b. 这大约是 2.067 厘米长。

$$(2.4.7)$$

（1 英寸 = 2.067 厘米）①

舍乃尔认为，（a）与（b）的值不应该是一样的，这是因为约数和非约数的性质是不同的。具体说来，带有约数的（a）的语义区域的长度应该比不带约数的（b）长一些。

其实，在我看来，韦池泰奥的处理方法并不一定给（a）和（b）完全相等的值。与舍乃尔的批评相反，韦池泰奥的方法可以处理约数和非约数的不同。（2.4.5）中的 G 函数就可以用区别语义区间长度的形式做到这一点。换言之，$g$（a）和 $g$（b）可以使（2.4.7）两句的语义值有所不同。

重要的是，韦池泰奥把语境作为形式处理时所考虑的因素之一。研究成果表明语境的确对模糊语义的理解有较大的影响。例如，霍曼（Hörmann，1982）报道说，人们认为"几座山"（a few mountains）是指 4—5 座山，而"几个面包屑"（a few crumbs）却指 8 个面包屑。

总之，韦池泰奥的形式处理主要以典型论（prototypability，详细讨论见本书第二章第 6.1 节）为理论基础，集中于曲线分布的正态和非正态两种形状。然而，他并没有提供对隶属度和等级真值等的处理方法，这使其方法在处理模糊语义方面有一定的局限性。

### 三　广义量词理论

虽然广义量词理论（Generalized Quantifier Theory）与以上讨论的模

---

① 然而，通常来说，1 英寸 = 2.54 厘米——作者注。

糊集理论不尽相同，但它是模糊量词形式化处理的理论之一，而且在语言学界颇具影响。因此，有必要在这里讨论一下广义量词理论。①

1. 广义量词理论简评

巴外斯（Barwise）和库柏（Cooper）（1981）的广义量词理论将量词的语义和推理的研究推向一个新阶段。这节讨论的重点是广义量词理论对模糊量词（例如："大约两百学生"、"两百多学生"）的处理。

历年来，尽管∀和∃这两个经典逻辑量词在自然语言中并没有多少代表性，它们还一直是占主导地位的。50 年代，莫斯托斯基（Mostowski，1957）提出了"广义量词"这一概念，但在当时影响并不大。蒙太格（Montague，1974）的研究成果改变了这一局面。就真值条件语义学（Truth – conditional Semantics）来说，蒙太格的理论以其代表作《英语量化的妥善处理》（The proper treatment of quantification in ordinary English）为核心，以传统的形式为量词［比如："所有"（all），"有些"（some），"任何"（any）］形式化处理做出了很大贡献。他证明了自然语言包括其中的量词是可以得到完善的形式化处理的。

基于蒙太格的理论和莫斯托斯基在数学方面的启发，巴外斯和库柏（1981）提出了颇具影响的广义量词理论。② 自此以后，广义量词理论的研究发展迅速。贡献突出的有韦斯特斯塔奥（Westerståhl，1989）。另外，基南（Keenan）和斯达维（Stavi）（1986）的贡献主要集中在对限定词语义特性的分析。在逻辑方面，范本瑟姆（Van Benthem，1984）的推理语言（inferential language）提出了处理自然语言量化的逻辑。

广义量词理论的特点是着重于表现自然语言中量词的语义特征。它处理的量词的范围、也较为广泛，不但处理所谓的逻辑量词［例如，"所有"（all）和"没有"（no）］，也处理模糊量词［例如，"大多数"（most），"多"（many）］。这为形式语言向自然语言靠拢做出了很有价值的贡献。另外，广义量词理论所采用的处理方法也是一目了然，容易

---

① 本节参考了张乔（1998）"广义量词理论及其对模糊量词的应用"。《当代语言学》第二期。

② 值得一提的是，广义量词理论中的量词是限定词和名词的结合（例如："多于二百＋人"）；量词的性质不仅只包括限定词的性质，还应包括名词的性质。这与经典逻辑有所不同，在经典逻辑中量词通常只指限定词。

被人们所接受和理解。它使用的是主谓分析法，将量词看做一个作用于 N 和 VP 的函项，一种集合和集合之间的二元关系。广义量词理论提出的四大语义普遍特征（semantic universals）和单调性（monotonicity）均恰到好处的反映了自然语言量词的语义特征。邹崇理（1995）对广义量词理论，尤其是通过它和蒙太格理论的比较，作过详尽的综述，有兴趣的读者可参见其著作。

范本瑟姆（1982：61）在评论广义量词理论时说到："可以这么说，广义量词理论展现的是蒙太格语法的完美结构……最引人注目的是其对所有人类语言中一些类型的限定词的出现或它们之间的关联这两方面的概括和推测。'语义普遍特征'的发展不仅丰富了蒙太格有关语义问题的理论，同时也促成了一种有意义的介于形式语义学中'非连续的'的早期方法和普遍采用的语义描写方法之间的融洽关系。"作者本人赞同范本瑟姆的说法，即巴外斯和库柏的兴趣主要是在"意义公设"（meaning postulates）这一层次上，它位于普遍"绝对适合（categorical fit）"和详尽的词汇分析之间。

莫克斯和桑福特（1993b：107）认为广义量词理论："着眼于阐明其理论是可以恰到好处地处理自然语言中的词语。这一理论说明的是词语所准许的推理，而不是与词语相关的（数量上的）语义值。如果自然语言中的某一特定词语（量词）所指的状态和广义量词理论中某一范畴相对应，那么我们就可以推测出这个词语所准许的推理类型。"换言之，广义量词理论对量词和推理类型之间的逻辑关系作了很有意义的研究。

下面就四大语义普遍特征、单调性和推理类型等理论对模糊量词的应用作一个详细的分析。据我所知，到目前为止这方面的探讨还为数不多，因而此方面的讨论对模糊量词以及语义学的进一步研究是有意义的。

2. 语义普遍特征

广义量词是指集合的集合，所以称之为广义量词。它的定义如下（参见范本瑟姆，1984：61）：

广义量词是函数 $D$ 对集合 $E$ 所指派的一种存在于 $E$ 的子集 $A$ 和 $B$ 之间的二元关系，用符号表示为 $D_E AB$。

$$(2.4.8)$$

对广义量词的研究揭示了其语义特征。这里以模糊量词为例，着重讨论一下以下四种语义普遍特征（参见坎，1993；帕体（Partee），莫棱（Meulen）和沃（Wall）（1990））：守恒性（conservativity）、外延性（extension）、数量性（quantity）、变异性（variation）。下面要讨论的与巴外斯和库柏（1981）最早定义的内容已不尽相同，这里采用的是争议较少的说法。

普遍特征 1：守恒性

一个量词是守恒的，如果它是一个指派函数，其功能是指派一个 $E$ 中子集合的集合，且此集合具有 $B$，$B\subseteq A$ 的特性。下列（2.4.9）是守恒性的定义，（2.4.10）是其例句。

如果 $A$，$B\subseteq E$，那么 $D_EAB \leftrightarrow D_EA（A\cap B）$.

$$（2.4.9）$$

a. 几个学生离开了，当且仅当几个学生是学生并且离开了。

（Several students left iff several students are students who left.）

b. 大约二百个学生离开了，当且仅当大约二百个学生是学生并且离开了。

（About 200 students left iff about 200 students are students who left.）

$$（2.4.10）$$

守恒性：自然语言中的每一个量词都是守恒的。

$$（2.4.11）$$

（2.4.9）成立的条件是 $B$ 所指的 $VP$ 的外延应属于 $D（A）$ 所指的集合，$D（A）$ 本身是一个集合的集合。这也就是说，在（2.4.10a）中离开′是在集合几个′（学生′）中，而且几个′（学生′）又是集合学生′和离开′的交集。（2.4.10b）亦同此理。

（2.4.11）假定的是：对任何量词来说，如果它属自然语言量词的范畴，那么它就具有守恒性。[①] 以"不少学生离开了"（Many students left）为例，这个句子和"不少学生是学生并且离开了"（Many students are students who left）并没有什么不同。这一分析似乎因太显而易见而失

---

① 韦斯特斯塔奥（1989）指出"仅"与（2.4.11）不吻合。其实，"仅"和一般的限定词不同。比如说，"仅"在"仅二百个学生"中并不对"二百个学生"进行量方面的修饰；而限定词"大约"在"大约二百个学生"中则有这方面的功能。

去其重要性。事实上，正如坎（1993）指出的那样，守恒性阐明的是自然语言量词的所指并不具有逻辑必然性这一道理。还有，守恒性排除很多逻辑上可能的量词。它还保证对一个含有普通名词的量词的解释不应被此普通名词的外延以外的集合所含的元素所影响。有关这方面的详细阐述和例子，参见坎（1993：192—193）。

守恒性强调只有 $E$ 集合中的部分元素与量词的解释有关，而不是所有元素。例如，在解释"大约二百个学生离开了"这一命题时，只需检查是否有一个 $E$ 上的子集合，它含有大约二百学生，而且这些学生均离开了。在此例中，我们对 $E$ 集中的其他子集合并不感兴趣，诸如集合"苹果"和"地震"，因为它们和上述命题的解释无关。

普遍特征 2：外延性

一个量词具有外延性，如果定义域的外延对此量词的解释无影响。例如，如果命题"所有学生都离开了"为真，那么尽管在定义域中再加入或拿出其他与此命题无关的元素（例如，"苹果"和"地震"），这个命题的真值会仍然为真。这可由（2.4.12）式来表示：

如果 $A$，$B \subseteq E \subseteq E'$，那么 $D_E AB \leftrightarrow D_{E'} AB.$

$$(2.4.12)$$

（2.4.12）要说明的是，在解释带有 $NP + VP$ 的命题时，可以忽视那些在 $NP$ 和 $VP$ 的外延以外的元素。例如，"几个学生离开了"的真值与定义域中其他集合（例如，集合"苹果"）的外延的大小无关。它的真值只取决于离开的学生的人数，可是和苹果的数目无关。

如果守恒性和外延性均成立的话，那么由它们可推导出第三种特性：强守恒性。定义如下：

如果 $A$，$B \subseteq E$，那么 $D_E AB \leftrightarrow D_A A$（$A \cap B$）.

$$(2.4.13)$$

强守恒性说明的是定义域的大小与量词的解释无关，有关的只有集合 $A$（普通名词）和 $B$（动词词组）的大小。

普遍特征 3：数量性

数量性阐明的是量词的解释只和有关集合中元素的数目相关，而和元素本身的性质无关。定义如下：

如果 $F$ 定义为 $E_1$ 至 $E_2$ 的双射（bijection），那么 $D_{E1} AB \leftrightarrow D_{E2} F$（$A$）

$F$（$B$）.

$$(2.4.14)$$

数量性要求同构模型上解释的一致性。模糊量词则满足这一条件。例如，如果离开的学生的数目大约是二百人，则"大约二百个学生离开了"为真。至于他们是谁无关紧要，这是因为这里命题真值的确定和到底是小王走了还是老张走了无关。只要走那么多人就行。

普遍特征4：变异性

变异性说明的是，在某个模型中当更多的元素加入其定义域时，可能会有不被量词所影响的集合存在。定义如下：

相对于每个定义域 $E$ 会有另一个定义域 $E'$，$E \subseteq E'$；$A$，$B$，$C \subseteq E'$，$D_{E'}AB$ & $\sim D_{E'}AC$.

$$(2.4.15)$$

（2.4.15）显示函数 $D$ 并没使 $C$ 和 $A$ 发生任何关系。这就是说自然语言中的量词不能任意生成一个集合，即量词的语义生成必须遵守组合性原则（Principle of Compositionality）。Zhang（1996）对此作过不少研究工作，详细论述参见她的博士论文。

总之，广义量词可由以上所讨论的四种语义普遍特征（守恒性、外延性、数量性、变异性）来定义。正如坎（1993）所指出的，这些语义普遍特征中守恒性的适用范围最广，有效性最强。另外，由以上讨论可见，模糊量词均具有这四种语义普遍特征。

3. 单调性

广义量词理论的中心问题之一就是单调性。单调性以上面讨论的四种语义普遍特征为前提。单调性显示的是由各种量词生成的不同子集的语义特征和推理类型。例如，在一个模型中如果"所有学生都离开了"为真，那么所有′（学生′）（离开′）就为真，不论是否有更多"离开的人"这种元素被加入此模型。就是在"学生"集合中减除一个元素甚至拿出其中的一个子集来，此命题仍然会保持真。但是，如果有被加入的"学生"元素不在离开′集合中的情况出现，那么命题的真值就会改变了。下面讨论一下单调性是如何适用于模糊量词的。

大体上来说，在表达式 $D$（$N$）（$VP$）中的量词会显示向上单调性（monotone increasing），前提是对 $N$ 或 $VP$ 添加元素不会影响 $D$（$N$）

（VP）的真值。反之，如果从 $N$ 或 $VP$ 中减除元素不会影响 $D$（$N$）（$VP$）的真值的话，那么量词显示向下单调性（*monotone decreasing*）。单调性的定义如下（参见巴外斯和库柏，1981：184—185）：

量词是向上单调（mon↑）的，如果 $X \in Q$，$X \subseteq Y \subseteq E$ 蕴涵 $Y \in Q$。换句话说，对任意 $X \in Q$ 的集合来说，$Q$ 包含 $X$ 的所有元集合（super-set）。

$$(2.4.16)$$

量词是向下单调（mon↓）的，如果 $X \in Q$，$Y \subseteq X \subseteq E$ 蕴涵 $Y \in Q$。换句话说，对任意 $X \in Q$ 的集合来说，$Q$ 包含 $X$ 的所有子集合（sub-set）。

$$(2.4.17)$$

以上定义说明表达式（expression）外延中元素的加减是如何影响真值的。为检测 $NP$ 的单调性，设 $VP_1$ 和 $VP_2$ 为两个动词词组。$VP_1$ 的外延是 $VP_2$ 外延的子集合。我们的目的是证明公式（2.4.18）在逻辑上是成立的。

a. 如果 $NPVP_1$，那么 $NPVP_2$.（$NP$ 是 mon↑）

b. 如果 $NPVP_2$，那么 $NPVP_1$.（$NP$ 是 mon↓）

$$(2.4.18)$$

例1：设 $VP_1$ 为"是男人"，$VP_2$ 为"是人"。（2.4.18a）在（2.4.19）中是成立的。

$$
如果\begin{Bmatrix} 所有学生 \\ 大部分学生 \\ 大约二百个学生 \end{Bmatrix}是男人，
$$

$$
那么\begin{Bmatrix} 所有学生 \\ 大部分学生 \\ 大约二百个学生 \end{Bmatrix}是人。
$$

$$(2.4.19)$$

值得注意的是（2.4.19）的逆反式则不成立。原因是一个人是"人"，但不一定是"男人"。（2.4.19）的有效性基于其中的 $NPs$ 是

mon↑。至于 mon↓式 *NPs*，请看（2.4.20）。

$$如果\left\{\begin{matrix}没有学生\\少数学生\\两个学生都不\end{matrix}\right\}是人，$$

$$那么\left\{\begin{matrix}没有学生\\少数学生\\两个学生都不\end{matrix}\right\}是男人。$$

（2.4.20）

与含有 mon↑ *NP* 的（2.4.19）相比，（2.4.20）中的 $VP_2$ 和 $VP_1$ 调换了位置。（2.4.19）显示的是如果 $NPVP_1$，则 $NPVP_2$，且 $VP_1$ 的外延是 $VP_2$ 外延的子集合；那么 *NP* 是 mon↑。例如，"大约二百个学生是男人"蕴涵"大约二百个学生是人"。与此相反，（2.4.20）显示的是如果 $NPVP_2$，则 $NPVP_1$；那么 *NP* 是 mon↓。例如，"少数学生是人"蕴涵"少数学生是男人"。

进一步说来，单调性还可以再细分为主语单调和谓语单调两种类型，参见坎（1993：193—194）。如果它的量化公式（quantified formula）的真值不受其普通名词（common noun）外延大小的变化所影响，那么这个量词是主语单调。一个量词是谓语单调，如果它的量化公式的真值不受其动词词组（*VP*）外延大小的变化的影响。

下列的（2.4.21）给出四个定义，（2.4.22）给出其相对应的推理公式，（2.4.23）（2.4.24）（2.4.25）通过分析三种模糊量词类型[①]的例子来阐明（2.4.21）的有效性或无效性。

a. 量词 $D$（$N$）是主语向上单调，当且仅当，$D$（$N_1$）$VP \rightarrow D$（$N_2$）$VP$，$N_1 \subseteq N_2$.

b. 量词 $D$（$N$）是主语向下单调，当且仅当，$D$（$N_1$）$VP \rightarrow D$（$N_2$）$VP$，$N_2 \subseteq N_1$.

c. 量词 $D$（$N$）是谓语向上单调，当且仅当，$D$（$N$）$VP_1 \rightarrow D$（$N$）

---

① 三种模糊量词的类型为：不含有数字的量词，诸如"很多学生"和"几个学生"；含有数字的量词，诸如"大约三十个学生"和"三十多个学生"；含有"多于"和"少于"的量词，诸如"多于三十个学生"和"少于三十个学生"。有关此方面的详细讨论，参见 Zhang（1996）。

$VP_2$，$VP_1 \subseteq VP_2$.

　　d. 量词 $D$（$N$）是谓语向下单调，当且仅当，$D$（$N$）$VP_1 \rightarrow D$（$N$）

$VP_2$，$VP_2 \subseteq VP_1$.

$$(2.4.21)$$

　　a. ɸ（χ∧ψ）（φ）→ɸ（χ）（φ）

　　b. ɸ（χ）（φ）→ɸ（χ∧ψ）（φ）

　　c. ɸ（χ）（φ∧ψ）→ɸ（χ）（φ）

　　d. ɸ（χ）（φ）→ɸ（χ）（φ∧ψ）

$$(2.4.22)$$

　　a. 如果几个女学生离开了，那么几个学生离开了。

　　b. ＊如果几个学生离开了，那么几个女学生离开了。

　　c. 如果几个学生提早离开了，那么几个学生离开了。

　　d. ＊如果几个学生离开了，那么几个学生提早离开了。

$$(2.4.23)$$

　　a. 如果三十多个女学生离开了，那么三十多个学生离开了。

　　b. ＊如果三十多个学生离开了，那么三十多个女学生离开了。

　　c. 如果三十多个学生提早离开了，那么三十多个学生离开了。

　　d. ＊如果三十多个学生离开了，那么三十多个学生提早离开了。

$$(2.4.24)$$

　　a. ＊如果少于三十个女学生离开了，那么少于三十个学生离开了。

　　b. 如果少于三十个学生离开了，那么少于三十个女学生离开了。

　　c. ＊如果少于三十个学生提早离开了，那么少于三十个学生离开了。

　　d. 如果少于三十个学生离开了，那么少于三十个学生提早离开了。

$$(2.4.25)$$

　　（2.4.23），（2.4.24）和（2.4.25）中带星号的表示不含有某种性质的命题。这三组例子每一组都有四个命题对应于（2.4.21）中的四种特性。检验结果是有的含有某特征，有的却不具备某特征。例如，（2.4.23）和（2.4.24）中的命题均为主语向上或谓语向上，没有一个是向下单调的。与此相反，（2.4.25）中的全是向下单调，没有一个是向上单调的。

　　这里需要解释一下（2.4.22）中的推理公式。以（2.4.23a），"如果几个女学生离开了，那么几个学生离开了"，为例来说明（2.4.22a），φ（几个）（χ（学生）∧ψ（女））（φ）（离开）→φ（几个）（χ）（学生）（φ）（离开）。再以（2.4.25d），"如果少于三十个学生离开了，那么少于三十个学生提早离开了"，为例来分析（2.4.22d）。其结果为：φ（少于三十个）（χ）（学生）（φ）（离开）→φ（少于三十个）（χ）（学生）（φ（离开）∧ψ（提早））。同样的原则对（2.4.22）中的其他推理公式均可适用。

模糊量词可以根据它们的推理模型来归类。表 2.4.1 按照（2.4.21）所表示的四个特性将一些类型 I 的英语模糊量词列出如下。

**表 2.4.1　　　　　　　　类型 I 英语模糊量词的四种特性**

| 模糊量词 | 主语向上单调 | 主语向下单调 | 谓语向上单调 | 谓语向下单调 |
|---|---|---|---|---|
| very many | ? | 否 | 是 | 否 |
| a lot | ? | 否 | 是 | 否 |
| many | ? | 否 | 是 | 否 |
| quite a lot | ? | 否 | 是 | 否 |
| quite a few | ? | 否 | 是 | 否 |
| a few | 是 | 否 | 是 | 否 |
| several | 是 | 否 | 是 | 否 |
| not many | 否 | ? | 否 | 是 |
| few | 否 | ? | 否 | 是 |
| very few | 否 | ? | 否 | 是 |

如表 2.4.1 所示，排在中间的两个模糊量词，*a few* 和 *several* 的语义特征相对来说较容易看出。但是，其他模糊量词的语义特征则没那么容易确定。这可能跟下列推断有关：意义所指为数值域的模糊量词的语义比那些意义所指为比例的模糊量词的语义确定一些（有关此方面的讨论，参见 Zhang，1996）。*A few* 和 *several* 的意义所指为数值域，因此它们的语义相对确定一些。例如，我们大多认为 *several* 所指的是一个数值，假设为 4；而不是一个"百分之四"之类的比例。相反，类型 I 中的其他模糊量词多表示比例。以 *many* 为例，它在命题 *If many girls left，then many people left*（如果不少女孩离开了，那么不少人离开了）中是否属主语向上单调这一问题并不

十分明确。原因在于"不少女孩离开了"不一定蕴涵"不少人离开了"①。在某种情况下"不少女孩离开了"的人数可能少于"不少人离开了"的人数。虽然从比例上看,"离开的女孩"比"离开的其他人"多,但这并不能保证总的来说"离开的人"比"没离开的人"多。所以,我们不能断定上述蕴涵式为逻辑全真。总之,表 2.4.1 中带问号的语义都比没带问号的语义复杂一些。

表 2.4.1 说明位于 *a few* 和 *several* 以上的量词,诸如 *very many*,*a lot*,*many*,*quite a lot* 和 *quite a few*,全都仅为谓语向上单调,而不具备任何向下单调的特征。至于它们是否主语向上单调,没有明确的答案。值得一提的是这些量词全是肯定词。*a few* 和 *several* 也属肯定词范畴,但它们既属主语向上单调又属谓语向上单调。位于 *a few* 和 *several* 以下的量词,诸如 *not many*,*few* 和 *very few*,全是否定词,又都是谓语向下单调。然而,它们是否主语向下单调又是一个不明确的问题。

到此为止,可以得出的一个初步结论是就类型 I 来说,全部肯定词都为向上单调,而全部否定词都为向下单调。下面,讨论一下表 2.4.2 中的类型 II 和类型 III 英语模糊量词。

表 2.4.2　　　　**类型 II 和类型 III 英语模糊量词的四种特性**

| 模糊量词 | 主语向上单调 | 主语向下单调 | 谓语向上单调 | 谓语向下单调 |
|---|---|---|---|---|
| about *n* | 是 | 否 | 是 | 否 |
| *n* – odd | 是 | 否 | 是 | 否 |
| *n* or so | 是 | 否 | 是 | 否 |
| nearly *n* | 是 | 否 | 是 | 否 |
| …… | …… | …… | …… | …… |
| more than *n* | 是 | 否 | 是 | 否 |
| at least *n* | 是 | 否 | 是 | 否 |
| fewer than *n* | 否 | 是 | 否 | 是 |
| at most *n* | 否 | 是 | 否 | 是 |

表 2.4.2 说明的是类型 II 和类型 III 中某些英语模糊量词的四个语义特性。它验证了以上就类型 I 所得出的那个初步结论,即全部肯定词均为向上

① 如果句中的普通名词("女孩"相对于"人")的外延互相等值,那么此命题应属主语向上单调。问题是外延是否等值这一问题很难回答。

单调，而全部否定词均为向下单调。与表 2.4.1 相比较，表 2.4.2 中的模糊量词的特性明显些。*Fewer than n* 和 *at mostn* 是否定词，则主语和谓语同时向下单调。*More than n* 和 *at least n* 的特征和它们正相反。所有类型 II 再加上两个类型 III 的模糊量词是主语和谓语同时向上单调。值得一提的是，虽然类型 II 中的四个模糊量词，*about n*，*n - odd*，*n or so*，*nearly n*，在语言实际调查中可显示出不同形状的分布曲线（参见 Zhang，1996），就单调性这一问题它们却并没有什么差别。换言之，分布曲线的不同形状对模糊量词在推理模型上的一致性并无什么影响。另外，分布曲线的不同形状与组合性亦无关。有关此方面的详细探讨，参见 Zhang（1996）。

到目前为止，我们分析的全是模糊量词。下面考察一下非模糊量词，由此可得出一些有用的启示。表 2.4.3 列出的是英语中三种典型的非模糊量词。

**表 2.4.3**                                 **英语非模糊量词的四种特性**

| 非模糊量词 | 主语向上单调 | 主语向下单调 | 谓语向上单调 | 谓语向下单调 |
|---|---|---|---|---|
| every | 否 | 是 | 是 | 否 |
| a | 是 | 否 | 是 | 否 |
| no | 否 | 是 | 否 | 是 |

如示，与上文所得出的结论不相吻合之处是，虽然 *every* 是肯定词，但它却是主语向下单调。当然，肯定式量词均为向上单调这一结论就模糊量词这一范畴来讲仍是成立的。但它并不是放之四海而皆准的，对非模糊量词它就可能不适用。

将表 2.4.3 与表 2.4.1 和表 2.4.2 比较，可总结出以下三点。第一，非模糊量词均具有四种单调特性中的两种，而一些模糊量词只有一种。例如：表 2.4.1 中除 *a few* 和 *several* 以外的类型 I 模糊量词都只有一种特性。这可能跟模糊量词的不确定语义有关。第二，*every* 属于两种性质不同的范畴：主语向下单调和谓语向上单调。因此，光说 *every* 向上单调是不准确的。确切说来，它是谓语向上单调，而不是主语向上单调。同时属于两种性质不同的范畴的现象在模糊量词中是不多见的。这就是说，模糊量词或向上单调或向下单调，不大可能又上又下。同样道理，这可能因为模糊量词的不确定语义，即它们不像 *every* 是一个全称量词（universal quantifier）。第三，除 *a few*

和 *several* 以外的类型 I 模糊量词都没有主语单调的特性，这种情况并不存在于其他类型的模糊量词和非模糊量词中。所以，就大多数类型 I 模糊量词来说，主语单调性无关大局，只有谓语单调的特性才和它们有关。

接下来讨论与单调性有关的一个重要问题：单调性揭示量词所准许的推理类型。如（2.4.26）所示，如果（a）真，那么由于 *a few* 的向上单调的性质，（d）可由（b）推导而来。同理，few 的向下单调的性质使（c）和（e）之间无蕴涵关系。

　　a. 所有艺术家都是文雅的。(All artists are polite.)

　　b. 有几个朋友是艺术家。(A few friends are artists.)

　　c. 朋友们几乎都不是艺术家。(Few friends are artists.)

　　d. 有几个朋友是文雅的。(A few friends are polite.)

　　e. 朋友们几乎都不文雅。(Few friends are polite.)

（2.4.26）

另外，一些非模糊量词，例如"正好二十个学生"（exactly 20 students），不属于单调量词。在汉语和英语中，凡带有"正好"／"exactly"的词组可能都不是单调量词。然而，巴外斯和库柏（1981）认为类似的量词实际上可以被看做是一个带有单调性量词的组合表达式。例如，"正好二十"可为"不多于二十"和"不少于二十"的组合，而"不多于二十"和"不少于二十"均具有单调性。由此看来，任何量词都可以有单调性，因为诸如"正好二十个学生"之类的量词可被看做是其他带有单调性的量词的结合。

人们对某个量词单调性的具体归类可能会觉得模棱两可。例如，莫克斯和桑福特（1993b：73）认为 *a few* 属向上单调。可巴外斯和库柏（1981）则对此持有怀疑态度。他们认为 *a few* 可有两解："一些但不多"（some but not many）和"至少有几个"（at least a few）。如果是前者，那 *a few* 就无单调性可谈。如果是后者，那 *a few* 就应是向上单调。他们还认为 *several* 也具有同样的性质。在我看来，*a few* 属向上单调。原因是不论解释为"一些但不多"还是"至少有几个"，蕴涵式"如果有几个学生是女的，那么有几个学生是人"（If a few students are females, then a few students are human）均成立。以上所提到的人们之间的不一致现象表明了对单调性的理解并不是一刀切的，这是因为人们的主观性在这里起很大的作用。

单调性揭示了不少语义普遍特征。以模糊量词的组合为例，"和"只能用来组合具有相同单调方向的模糊量词。例如：

a. 很多学生和一些老师离开了。

b. *很多学生和很少老师离开了。

c. 很少学生和至多两位老师离开了。

d. *很少学生和至少两位老师离开了。

(2.4.27)

如（2.4.27）所示，（a）句是正常的，因为"和"连接的是"很多学生"和"一些老师"，它们都是向上单调的。然而，（b）句则显得别扭，这是因为"很多学生"向上单调，可"很少老师"向下单调。也就是说，它们单调的方向不同。同样道理，（c）句是正确的（"很少学生"和"至多两位老师"均为向下单调），而（d）句是错误的（"很少学生"向下单调，可"至少两位老师"向上单调）。

以上的规则可定义如下（参见巴外斯和库柏，1981）：

合作公约：凡由"和"（and）、"或"（or）组成的复合量词必须具有相同方向的单调性。

(2.4.28)

根据这个合作公约，任何含有不同方向单调性的组合从语义角度来看是不合适的。(2.4.28)的有效性可由上表2.4.1中的模糊量词来检验。例如，"很多学生和几个老师能去"和"不多学生或很少老师能去"这两个组合都是可行的，因为它们单调的方向是一致的。如果（2.4.28）不能被满足，那么组合则很难进行。例如，"很多学生和很少老师能去"这种结合就显得不大协调。至于类型 II 模糊量词，问题则简单得多，因为它们都是向上单调。同样，类型 III 模糊量词也是和以上合作公约相符合的。

但是，(2.4.28)并不是一贯正确的。类似"大约二十个学生和不多的老师能去"和"至多二十个学生和几个老师能去"这样的句子就似乎并不应该算错。但问题是这种句子违反（2.4.28）所制定的合作公约。巴外斯和库柏（1981：217）认为这种现象很不容易解释。因此，为准确起见，(2.4.28)的前提条件应是组合的模糊量词必须是同一类型的。这也就是说，类型 I、类型 II、类型 III 的模糊量词在本类型之内组合时，必须遵循(2.4.28)。例如，"很多学生和几个老师"是对的，而"很多学生和很少老

师"则是不协调的。但是，如果是类型之间的组合，就不一定必须遵循
（2.4.28）了。例如，"大约三十个学生和很少老师"就不一定算错。

最后要指出的是，同一类型的模糊量词中不论合取式组合还是析取式组
合都将保持其单调性。举一个合取式组合的例子，"很多学生"是向上单
调，"几个老师"也是向上单调。那么，它们的组合"很多学生和几个老
师"就自然也是向上单调了。

4. 广义量词理论和模糊理论

与只能处理有限的几个非典型的逻辑量词的一阶谓词逻辑相比较，广义
量词理论要有效得多。在处理量化命题上，传统的一阶谓词逻辑存有以下两
方面的不足（参见巴外斯和库柏，1981）。第一，用 ∀ 和 ∃ 远远不能准确地
反映丰富复杂的自然语言量词。例如，∃ 就不能圆满地表示"很多"的意
思。第二，一阶谓词逻辑中的句法结构和自然语言的相差甚远。例如，命题
"很多学生走了"的句法结构即不适合→上的→式，也不适合 ∃ 上的 ∧ 式。
与此相反，广义量词理论的逻辑句法结构与自然语言的比较贴近。它所采用
的广义量词这一高阶概念可克服一阶谓词逻辑的局限性，广义量词理论所能
处理的量词范围也大很多。

广义量词理论就分析语义普遍特征，单调性和推理类型等方面来说的确
是大有作为。但是，它也有一定的局限性。虽然广义量词理论成功地概括了
广义量词的语义普遍特征，但它却以非真即假的真值原则为前提。换言之，
一个命题必定是要么真要么假，无中间值存在。由此而来的是，对模糊量化
命题在一定程度上真/假这一特性，广义量词理论是无能为力的。巴外斯和
库柏的理论以二元论（bivalence）为基础，这就使它在处理模糊语义的真值
模糊度时遇到麻烦，即不能恰当真实地反应它。为弥补这一缺欠，广义量词
理论规定任何对广义量词的解释应考虑语境因素。问题是语境并不会使模糊
语义的模糊性精确化，详细讨论参见本书第三章的第5.2节。

任何带有模糊量词的命题自然会具有一定的模糊性，比如，"不少学生
是从北京来的"，到底多少才算是"不少"？换言之，"学生"和"不少"
之间的交集应有多少元素，本命题才可为真？对此问题，并没有一个统一的
答案。广义量词理论没有提供处理这种模糊性真值的方法。虽然广义量词理
论提出必须在特定的语境中解释广义量词这一条件限制，但如上所说，即使
在特定语境中，模糊量化的真值依然会是模糊的。在处理模糊性真值方面，

模糊集合理论是比较有效的，详细讨论请参见本书第一章、第五章和第六章。

　　与模糊集量词理论相比，广义量词所用的量词概念似乎也不尽相同。前者是指某一量词的语义界限不精确。换言之，在某一集合中，元素是否属于此集合可用 0 和 1 之间的任一实数来表示。而广义量词所指的量词是集合的集合，也就是一个更高一层的问题。模糊理论从隶属度的角度讨论模糊性，而广义量词讨论的则是名词词组所代表的广义量词和动词词组之间的属于关系。原则上讲，二者并不互相抵触，只是广义量词理论不能像模糊集理论那样处理模糊集合隶属度这一问题。这里的结论是广义量词理论较传统理论的确有其优越性，它的四大语义普遍特征和单调性理论对模糊量词也很适用。但它在处理量词的模糊度方面却有着一定的局限性。

　　最后值得一提的是超级赋值论。为了使模糊语义精确化，自五六十年代起，超级赋值论开始兴起。它注重全面地、总体又分阶段地考虑各种各样的精确化方法。这可能是它的"超级"名字的由来。一个命题的真值在任何情况下均为真，则可称为"超级真"（super true）。反之，则可称为"超级假"（super false）。就我个人来看，超级赋值论如同广义量词论一样缺乏处理真值的模糊度方法。它的主要方法是三值逻辑方法，真、假和不真不假。至于不真不假这一真值再进一步怎样处理，超级赋值论并没有提供一个妥善的办法。我们不准备在这里详细评论超级赋值论，有兴趣的读者可参考以下文献：威廉森（T. Williamson，1996），彻尔蔡伽和麦考乃尔-吉尼特（Chierchia & McConnell – Ginet，1990），克林（Klein，1980），平卡尔（Pinkal，1983，1984，1987），凯姆迫（Kamp J. 1975，Kamp H. 1981），菲恩（Fine，1975）和范弗拉森（1966）。

## 第五节　语用和心理

　　在这一节中，首先从语用角度讨论伯恩斯（L. Burns，1991）的工作，然后，综述一下从心理学角度研究模糊性的成果。

### 一　伯恩斯

伯恩斯（1991）着重从语用角度探索了人类语言和概念中的模糊性。

她考察了复合三段谬论（Sorites paradox）造成哲学家疑惑的原因，评述了一些试图解决此问题的理论，就语言性质的有关争论提出了她自己的观点，这些争论是由弗莱格（Frege）的模糊性使语言无条理的观点所引起的。她认为语言中固有的模糊性是有规可循的，其研究对概念问题，语言模糊性和心理现象的关系等问题的探索均有一定的启发。下面就从七个方面综述一下。

1. 归纳的步骤和连续性

伯恩斯的结论是复合三段论不是一个不可解释的谬论，模糊性也并不是造成语言任意性的原因。它们与经典推理和语义理论的原则是不相违背的，我们可以保留人们对复合三段式推理的合理性和语言非严格规则（loose rules）的认识。问题不在于用来归纳出谬论的逻辑原则，而在于错把宽松原则看成教条规则，在于我们进行假设推理时所基于的系列。

所有的复合三段式推理均假定一系列按其具有某谓词特征的程度所排列的元素。这个系列的一头明确，但另一头不明确，在这两端之间的变化是渐变而不是突变的。伯恩斯认为复合三段论的这种假定是不成立的，因为这种系列会有两种不协调的特点：必须显示的连续性；元素之间又必须具有非过渡式的难辨性（non‑transitive indiscernibility）。没有这种非过渡式的难辨性，一个系列不可能一端明确，一端不明确。伯恩斯说绝大部分解决这种谬论的方法（包括模糊逻辑和超级赋值理论）是宣布它不成立，但这种说法并不令人满意。最起码要想否定归纳步骤（the induction step）就要否认谓词的模糊性，即否认谓词缺乏确切的适用边界这一观点。但是，大量事实表明谓词确有模糊性。

归纳步骤可被看做是对某个系列的断定，而且这种系列可能根本就不存在。如果它存在（正如复合三段论假设的那样），一个谓词适用于某元素同时也适用于紧接着这一元素的下一个元素，因为任何有连续性的系统均会具有这种特征。同样，如果某元素具有绝对的难辨性，那么紧接着它的下一个元素也会具有绝对的难辨性。由此，存在着一种两端同时具有同一种谓词特性的系列。然而，实际系列在某一具体方面却可能有两端不一致的现象。

如何来解释这种现象呢？伯恩斯认为并不是说连续性不存在，问题在于系列在某些方面有连续性，在另一些方面则没有。我们应避免追求过分严格的一概而论，过分严格的限制对感知具有局限性的人类不合适，因为它会迫使我们在不能看出某种不同时来解释谓词。只有灵活原则才能使我们对付出乎预料的复杂性和本质上的连续性，因为这种灵活原则允许在遇到困难或两可的情况下，有余地的进行选择。词语意义运用的原则必须允许归纳判断，专业知识和措施制定等有一定的回旋余地，死板的、机械性的原则是不能提供这种灵活性的。

伯恩斯总结说，人们可从两方面来解释逻辑谬论的不成立性：归纳程序对某种系列有效，但这种系列并不存在；或归纳程序对实际存在的，在相关方面显示变异性的系列无效。这两种结论并无多大区别。但第一个原因似乎更清楚一些，因为它找出了复合三段式推理的毛病所在。

2. 弗莱格定义上的模糊

伯恩斯评论说复合三段式谬论存在于弗莱格定义上的模糊性之中。弗莱格所定义的模糊性是指词语的界限不易划定。各种各样的试图解决诡辩推理问题的方法均无说服力，原因是未处理好模糊性。问题是仅仅解释弗莱格式模糊是不够的，还要解决好杜密特（Dummett）和赖特（Wright）所提出的问题（参考文献见伯恩斯，1991）。如果与某一个谓词①运用有关的实际系列在某些方面有变异，人们拒绝在某点以后再运用此谓词是可以理解的。人们是有权决定哪一个元素属于某谓词而哪一个元素不属于的，这似乎是说给模糊谓词划出精确的界限是允许的。换言之，以上所提到的谓词不可能模糊，因为如果说一个谓词是模糊的，那么它的应用范围会在难以察觉的程度上缩小，即这种模糊是没有确切界限的。

有关这个问题，我本人认为要从模糊性的分布来解释。模糊性是集中在词语外延的边界周围的，超过此范围，模糊性则不复存在了。比如，"大约二十"，二十五和三十五是否属于"大约二十"是不明确的。但是，没人会认为一千仍属于"大约二十"的语义范畴。因此，超过一定范围的非模糊性并不能否定一定范围内的模糊性。这也就是说，人们拒绝将某个元素划入某谓词，并不意味着有关谓词就没有模糊性了。

伯恩斯还解释说，一个人可能在不同语境中给同一词语划出不同的界限；不同的人又会在同一语境中对同一词语给出不同的界限，这些均是造成

---

① 伯恩斯所说的谓词，准确的定义应为自然语言中实际存在的谓词（observational predicate），此种谓词相对于理论抽象意义上的谓词（theoretical predicate）。

模糊的原因。我本人认为这可从两个层次来看，个人层次上的模糊和集体层次上的模糊。某人就某一词语的意义不能给出一个确切的界限，这种个人层次上的模糊当然是模糊性产生的原因之一。有时候，个人层次上不模糊，即个人对某词语的界限有一个明确的认识；但人们之间的意见却不一致，这种集体层次上的众说纷纭无疑也是模糊性产生的原因之一。

3. 观察者和理论家的约束

弗莱格、杜密特和赖特均未明确地提出究竟谁不应该为模糊词语划界。杜密特主张谓词带有精确界限的理论是不正确的，任何完善的自然语言语义理论必须解释弗莱格定义上的模糊。

赖特关心的则是普通的语言使用者。如果人们想遵守谓词规则，那么就不可能给谓词划界。他认为我们没有明确的原则来指导为模糊词语划界的实际工作，而且语言本身也不允许这样做。伯恩斯不完全同意赖特的这种说法。她认为，如果原则上不能成功地划界，那么就必然会留给个人以选择的余地。在有必要做出决定的情况下，一个人会这样或那样地进行选择。当然，如果没有这种必要，人们则不会做出选择。重要的是，人们是可以接受对同一词语的不同划界和不同理解的。

伯恩斯认为，如果精确定义是谓词意义的一部分，那么人们必须有惊人的记忆力才能够去运用它们。赖特的理论是说精确语义不是谓词的一部分，即谓词的内涵对划出一个精确的外延没有什么作用，但并不意味着人们根本就不可能划出精确界限来。

4. 弗莱格的模糊、软容忍原则和未决定性

软容忍原则（loose tolerance rules）的使用可帮助解决个人在某一语境中拒绝超过一定界限还运用某谓词和谓词本身模糊性之间的矛盾。人们所用的是软原则，这种原则不能进一步严格化，因而在决定谓词的适用范围时就会具有一定的灵活性。有意义的是，伯恩斯认为这种软原则是不能再进一步严格的，再多的语言实际调查工作也会是无济于事的。这与本人在本书第二章的第 3.3 节中评论莫斯泰勒和尤兹的调查工作时的观点一致。

伯恩斯认为谓词本身是模糊的，有能力的语言使用者都会意识到这一点的。但这并不等于说个人不能给出一个精确的答案，只能说明个人有个人选择的自由。虽然我们不具备完善的划分标准来决定模糊词语的意义，但人们是能够做这一工作的。重要的是，正如伯恩斯指出的那样，这种决定不是任

意的，但也不是完全事先决定好的。软原则可以使人们作出某种决定，而且也容忍一些自相矛盾的决定。伯恩斯的这种观点与我所提倡的模糊语义的有规可循性是大同小异的（参见 Zhang，1996）。

因此，伯恩斯认为谓词意义的规则不能决定谓词的实际语义界限。如果这些规则可以决定精确界限的话，那么有能力的语言使用者就应该知道哪个是对的，哪个是错。但事实上，人们并不知道类似"红"这样的谓词的精确语义界限。个人层次上的精确性并不否认集体层次上的模糊性，人们并不像赖特所说的那样是根据意义原则而拒绝给谓词一个精确界限。赖特和杜密特正确的一面是主张原则上谓词意义是不能决定它们的外延界限的。

### 5. 一个语用现象

伯恩斯解释说，如果认为词语外延的界限具有难以察觉的渐变性，那么从总体上看，每个系列中的某一元素具有某个谓词的特征，而紧接着它的另一个的元素却不具备这种特征的说法是不成立的。伯恩斯认为刘易斯（Lewis，1981）的语用观点是很有说服力的。刘易斯提出模糊语言和非模糊语言的分别在于语言和语言使用者的关系，而不是语言和客观世界的关系。人们通常是可以准确地进行语言表达的，即使有时这种表达遇到一些困难，人们也不会很在意。

伯恩斯认为刘易斯的语用观点比纯粹语义观点要合情合理一些。光从语义角度是不能全面地解释模糊语言的，语用因素是必须考虑到的。当然，这并不意味着语用观点认为模糊界限可以精确化。在伯恩斯看来，模糊性不能像模糊逻辑所提倡的那样用平均的方法去除，而应被解释为语用上的变异性。这里我要说明的是，伯恩斯认为模糊逻辑的方法是把模糊性用平均法去除是一种误解。我的看法是隶属度形式只不过是一种近似地表示模糊性的方法，而不是要去除模糊性。隶属度所描写的是人们对渐变性的认识，它也适用人工语言的实际需要。这也就是说，模糊集理论与伯恩斯所说的语用模糊是不相违背的。

伯恩斯辩解说，如果一个社会团体所用的语言在语义上模糊，那么某个人在运用某一模糊词语时能够给予其精确界限这一现象则似乎是无法解释的。所以，她认为语言本身是具有一定精确性的。我认为伯恩斯所说的语言本身具有一定的精确性可具体由词语的内涵义来说明。尽管外延义模糊，但内涵义是不模糊的。详细论证见本书第六章第一节。

### 6. 二元论、模糊和真值

伯恩斯认为二元论（非真即假）即使对模糊词语来讲也可以成立，因为模糊性经常指的是不一致性。这也就是说，从语用这一角度看，某一句子在不同语境中可能获取不同的真值，但认为句子无真值可言却是不正确的。伯恩斯还认为在讨论模糊语言时所用的更高一层的元语言（metalanguage）不应该是模糊的。二元论存在于从语法角度考虑的自然语言中，这一点是较明确的。只是当从语义角度考虑时，模糊性则出现了。

我个人对这个问题的看法是，某个句子的真值是可以随语境改变的，这一点不能否认。从单个人的角度看，句子的真值可以确定，即二元论成立。但从整个使用某一语言的社会群体的角度看，句子的真值是确定不了的，即二元论不成立。真值不确定不等于无真值，它是由带有程度性的真值来体现的。元语言也不乏模糊词语的运用，因此也少不了带有模糊性。这里需要再次强调的是，不要把"模糊"误解为"不科学"或"误用"，详细论述可参见 Zhang（1996）。另外，不但语义有模糊性，语法和其他语言学领域也同样具有模糊性，详见本书第一章第2.3.4节。

### 7. 语言模糊和心理模糊

伯恩斯认为心理现象的模糊和语言的模糊不完全一样，但二者有一定的关系。语言是一种社会现象，不仅人的认识具有一定的模糊性，人们的态度，信心都具有一定的模糊性。因此，在确定命题真值时，人们的看法会有不一致性，甚至同一个人还会改变自己的看法。这种现象适合于用以上所提到的软容忍原则来解释。

这种不确定性也说明语言中的传统规则也并不具有精确性、普遍性和可预料性。我们只能粗略地估计人们对语言的理解，听者对说者的反映，以及语境和语言本身的搭配等等。伯恩斯的这个观点作者是完全赞同的，语言、语境和语用之间的关系既不完全随意，也不完全可以预料。

总之，伯恩斯认为任何理论都不可能告诉我们模糊词语的精确界限应该怎么划。如果这可以做得到的话，那自然语言中的词语界限的模糊现象就会消失。模糊语言只具有一个软规则，人们在此之下各自得出不尽一致的理解。虽然这些理解不大相同，但在统一的软规则之下，并不影响互相之间的语言交流，这就是为什么模糊语言能得以存在的原因。换言之，语言既有统一性又有分歧性，二者相辅相成。

### 二　沃斯坦及合作者

沃斯坦及合作者（1986，1987，1988）研究的是怎样在具体语境中，将表示可能性的词义的模糊性妥善地表现出来。他们研究的对象是个人对模糊语义的理解，所采用的方法与模糊集论相似，即用 0 与 1 之间的实数来表示隶属度。这一工作的意义颇大，因为在实际语言调查中观察隶属度研究的还为数不多。沃斯坦及合作者以其语言调查结果说明，利用隶属度来表示类似"赢输参半"（toss－up）和"不大可能"（improbable）这类词语是比较有效的。他们的实验所得出的支持模糊理论中的隶属度方法的数据和结论较有说服力。

沃斯坦及合作者作了两个实验，采用的是修改过的配对比较方法。在第一个实验中，调查的十个词语包括："十分确定"（almost certain）、"可能"（probable，likely，good chance，possible）、"赢输参半"、"不大可能"（unlikely，improbable）、"有怀疑"（doubtful）和"几乎不可能"（almost impossible）。

实验结果表明参加实验的每一个人就自己本身在各阶段中所给出的数据来说基本上是一致的。这就是说，人们各自能够就模糊词语给出一个前后一致、有意义的、可以用来解释问题的隶属级别。第一个实验得出的隶属函数，67%有意义。其中分布曲线的形状为非正态单调向上的有30%，另外31%的形状为单峰正态分布曲线。除67%有意义的外，另外33%则无意义，原因是它们的形状呈多峰正态分布。这种形态显示的是实验方法的错误。第一个实验完成后，沃斯坦及合作者意识到一些出现的问题，随之在第二个实验中纠正了这些失误。

在第二个实验中，被测验的词语只有六个，第一个实验采用的那十个中的"十分确定"（almost certain）、"很不可能"（almost impossible）、"不可能"（unlikely）、"可能"（possible）这次没被采用。虽然这次实验程序和前一次的略有不同，但参与者的表现大体上和上一次相同。

由第二个实验得出的结果比较理想，56%的隶属函数为单调向上型，44%为单峰正态分布。同样，比较各个实验阶段所得出的结果，人们各自保持了自己的统一性。但是，人和人之间的数据结果差别却不小。例外的是对"赢输参半"的隶属函数，人们均给出相似的单峰正态形状。但对其他五个词，没有任何两个参与者给出完全相同的隶属函数。

第二个实验的数据显示，具有单调向上的函数，它的区域两端表示的是模糊性最小的元素。对单峰正态分布，最典型的元素集中在区域的中心。据沃斯坦及合作者，在表示可能性词语的系列上，靠近两端的词语易得到单调非正态曲线（比如，"十分确定"和"几乎不可能"）；而靠近中间的词语倾向于得到单峰正态曲线（比如，"赢输参半"和"可能"）。他们认为实验的数据是可靠的，与巴德斯楚和沃斯坦（1987）用代数模型得出的区域数值是一致的。

沃斯坦及合作者（1988）的一个重要的结论是，可能性词语的解释与语用有关。上下文等诸多因素会影响到某一词语的意义理解。另外，对可能性词语的理解和运用方面的研究应该在个人这一层次上进行。他们的研究成果为隶属函数用来解释模糊语义奠定了实践基础。

最后值得一提的是，沃斯坦及合作者推测同一词语的分布函数形状应该是保持不变的，即在不同语境中具有统一性。然而，莫克斯和桑福特（1993b）并不同意这一观点。我自己的研究表明语义的组合性并不由函数的分布形状来表示。不然的话，如果这种形状有变化，那么组合性就不复存在了。我同意莫克斯和桑福特的观点，语境是有可能改变词语隶属函数的分布形状的。当然，这一推测最好由实验结果来证实。

### 三　莫克斯和桑福特

莫克斯和桑福特及合作者（1986，1987，1990，1991，1993，1994，1995）主要从语用和心理的角度探讨了模糊量词的问题。他们的研究目标为，人们是如何理解和运用自然语言中的量词的。

他们所作的实验之一是调查类似"多"（many）之类的量词。实验中设有三种语境，测验了十个量词。实验结果表明人们对某个量词的期望越高，它所得到的值也就越高。因此，人们对词语意义的先前预料（prior expectation）在解释这一词语的意义时起着举足轻重的作用。

莫克斯等人做的另一个实验是在不同层次上观察人们对模糊量词的语义理解。第一层为句义（sentence meaning），即句子的字面意义。第二层为说者意义（speaker's meaning），这一层表示的是说者先前对某一量词的数值的推测。第三层是听者的意义（listener's meaning），也就是说者对听者的先前预料的推测。

　　实验结果显示不同的量词在第二三层上所得到的值有所不同，并且同一量词的值在三个层次上也有所不同。例如，"好几个"（quite a few）在第二三层上的值比第一层的要低。另外，一些量词，诸如，"很少"（very few）、"少"（few）、"不太多"（not many）和"只有几个"（only a few）的值在第二层次上高。但在同一层次上，"几个"（a few）的值却很低。除了"少"（few）以外，凡带有否定意义的量词在第三层上均获得高值。因此，可以说自然语言中量词的语义理解与人们对它们的先前预料有关系。

　　莫克斯和桑福特不赞成模糊量词的语义标准化的研究方法（参见本书第二章第3.3节）。他们认为自然语言中的量词是不能用精确数字来解释其语义的，目前大部分调查实验得出的数值是无意义而不符合语言事实的。他们所注重的是从非数值方面研究量词，特别是集心理学，语言学及逻辑于一体形成一个多学科交叉的体系。

　　他们认为多方位的研究可获得可喜的成果。量词不仅仅表示不同的数值，它们在另外一些方面也有所不同。例如，"很"与其他量词结合时，它可能并不增大被修饰量词的数值，而是改变肯定的强度（strength of claim）。"很"在"很远"中可能增大"远"的数值，可在"很很很远"中，其中的两个"很"则可能是增强语气的强度，与增大数值这一功能无关。莫克斯和桑福特从心理学角度争辩说，语言交际中的模糊量词可能并不具备精确数值，在运用它们时人们也不一定必须找出某种精确数值。

　　从语言理解和运用这一角度看，莫克斯和桑福特的观点是有道理的。我同意模糊量词不仅可从数值方面研究，一些非数值方面也值得加以探讨这一观点。例如，可以从认知角度考虑模糊量词的语义，诸如，说者的意图和注意力焦点（attentional focus）等等。莫克斯和桑福特的注意力焦点理论对自然语言中的量词进行了新的探索。"注意力"在他们的理论中的定义为，在语言处理过程中某一子集较其他子集得到优先考虑，这一子集将成为推理的基础。这一提法的中心思想是，不同的量词控制不同的推理模式，并以不同的子集为焦点。例如：

　　a. 来上课的学生<u>不多</u>。他们去看电影了。

　　b. 来上课的学生<u>不少</u>，他们喜欢这个老师。

　　　　　　　　　　　　　　　　　　　　　　　　　　（2.5.1）

　　这里，"不多"把重点放在"学生"这一集合的"补集"（complement set）上，即没去上课的学生；而"不少"的重点则放在学生这一集合的"正集"（reference set），即去上课的学生。

　　注意力焦点理论从新的角度解释了自然语言中的量词。人们普遍认为量词具有数值意义。比如，"很少"所指的数值比"很多"小。问题是有些量词从数值角度看基本相似，例如，"不多"和"几个"，但它们的用法和焦点却可能有所不同。莫克斯和桑福特的语言调查就表明英语中量词"几个"（a few）和"不多"（not many）的注意力焦点是不同的，前者是正集，后者是补集。再举汉语中"最多二十"和"至少二十"这两个量词为例，它们的数值意义在"二十"这一点上可能基本相同，即二者在此从数值上看无多大区别。然而，从语用方面看它们却有一定的区别。假设参加小刘生日聚会的人数为二十左右。当被问起时，如果小王喜欢小刘，用的句子多会是"至少二十人"；反之则可能是"最多二十"。前者表示说者喜欢小刘的态度，后者则相反。这个例子说明数值相似的量词可能在其他方面有所不同，要不意义完全相同的两个词则显得没必要在语言中同时存在。

　　自然语言量词的主要功能是控制注意力焦点和推理模式。据此，莫克斯和桑福特称量词为思维算子（mental operators），它们作用于含有它们的推理模式。换言之，这些思维算子控制注意力焦点的去向。

　　莫克斯和桑福特的研究扩大了传统上量词研究的范围，即从单纯的数值理论扩展为心理和认知方面的深入研究。他们认为不但自然语言研究应注重语用和心理方面的研究，形式语言和人工智能等也应考虑这方面的因素。语言、语用和心理的结合必定会使量词的研究进一步深入。

　　最后要说明的一点是，尽管莫克斯和桑福特从心理角度研究量词颇有创新，但对典型意义上的量词数值表现法也不必持全盘否定的态度。就语义学来讲，量词的数值意义是其语义的一个重要部分。虽然量词的数值会随语境的变化而变化，但这并不意味这种语义毫无意义或不存在。理由很简单，语言中的各种词语必须有其基本义，光从心理方面研究其注意力重点或推理模式是不够全面的，最起码在语义学意义上讲是不够全面的。

# 第六节　认知

　　以上讨论的莫克斯和桑福特的工作涉及了从认知角度研究模糊量词这一

问题，这方面的研究可弥补单从语义角度解释模糊词语的局限性。在这一节中，我们将讨论一下典型集理论和威廉森（1996）的工作。

## 一　典型集论

以上讨论过的模糊集是将二值逻辑广义化。模糊命题的真值用[0，1]之间的数值来表示，而不仅仅限于1（真）和0（假）两个数值。这一理论采用隶属度的方式反映自然语言现象，它认为一些传统理论是不符合事实的，比如"二值原则"、"排中律"。这些传统的理论追求精确性而忽视模糊性。

典型集论（prototype theory）与模糊集论在某些方面相近，它们均对自然语言中的模糊现象提供表达方式。典型集论以集合中典型与非典型之间的关系的形式来说明模糊性。一个典型，正如史密森（1987：301）所定义的，是一个集合中的样板，它可以是实体也可以是虚拟的。典型论以罗彻（1973，1975，1976，1978）在70年代提出的理论为代表。史密森（1987：58）指出"典型"有以下两个特点：（1）典型本身是其代表的范畴的一分子；（2）范畴中某一个体与典型的相似度越低，它的隶属度就越低。

莱昂斯（1986：71）在评论典型集论时提到：总之，我们所研究的是典型，或叫原型和成为典型的标准。比如，"狗"的典型和朗曼词典中的定义大致相似；……一种比较常见的四条腿动物，尤其是这种动物大都被用来作为人类的伴侣，用来打猎、干活、看守，等等。我引入了"狗"的全部定义；从"尤其是"到"等等"这段话暗示了有几种类型的狗。其中有的狗属于狗类的"典型"（也就是说，有些个体比另一些个体更典型一些）。至于狗的种类，我们都能说出几种，对养狗有兴趣的人能说出更多：长毛垂耳狗，长卷毛狗，等等。我们所说的某人知道"狗"这个词的意义，意思就是说他有这种知识。

典型论主要是从认知的角度来研究模糊性的。人们根据某元素对典型的相似程度来排列有关词项。举例来看，当需要定出"大约三十个学生"的语义范畴时，一般要先定出哪一个或哪一些元素是典型成分，然后再根据此典型定出此集合所能包括的其他元素。如果设"三十"为典型的话，那么"二十九"、"三十一"等比较靠近"三十"的数字则可排列在先。

然而，彻尔蔡伽和麦考乃尔-吉尼特（1990：390）认为不是所有的模糊概念都可以用典型论方法来分析。例如：

a. 小刘是个高个子。

b. 小张是个高个子。

(2.6.1)

他们认为就"高个子"这个概念来看，即使是依靠语境也很难规定它的典型成分。以上（2.6.1）中的两个命题的真值程度并不一定取决于小刘和小张的实际高度离典型高度的远近。假设对中国妇女来说，"高个子"的典型高度为一米六八，小刘是一米七六，小张是一米六四。那么，小张离一米六八的差距是0.4米，而小刘则为0.8米。这也就是说，按照典型论，小刘比小张离典型远，因而隶属程度也就应该比小张低。这种结果显然是不正确的。按道理说，（2.6.1a）的真值应为1，而（2.6.1b）的真值只能为接近1。基于这种例子，彻尔蔡伽和麦考乃尔-吉尼特认为在处理语义模糊性时，典型论的适用度是有限的。

其实，就我个人看，典型论是可以处理（2.6.1）中两个例子的。首先，我们要允许典型成分为复数。例如，"高个子"的典型可由［一米六八……一米七六……］这个区域中的所有元素构成。这样，小刘的高度就包括这一范围，即小刘是"高个子"的典型分子。但小张离一米六八还差0.4米，所以还不能完全属于"高个子"。也就是说，（2.6.1a）的真值一定比（2.6.1b）的高。典型可由一组元素组成这一说法已由语言调查结果所证实。我在做博士论文时做过调查，人们给"大约二百人"的典型包括195至205之间的全部数字（参见 Zhang 1996，附录2，图2.15）。查德（1982：293）也指出典型不一定必须是单个元素。他进一步阐明，典型还可以是一个无限集合，这在数字意义上是可行的。

其次，要想解决彻尔蔡伽和麦考乃尔-吉尼特以上提出的问题，我们可以对"离典型越近，隶属度越高"这一说法加以限制。这个限制就是典型在某一相关范围内应该是区域的一个顶端。如果标准高度一米六八不是用来制定"高个子"隶属度的顶端，那么典型论不可行也不证明典型论本身有问题。具体说来，如果"高个子"的语义范畴用区域［……一米六四（小张）……一米六八（典型高度）……一米七六（小刘）……］来表示，那么典型高度一米六八则不在此区域的一端，而是位于其中间。因为典型不在两端中的一端，那么即使这里典型论不适用，我们也不能由此断言它不成立。

对"高个子"的抽象和统一的判断似乎根本就不存在。换言之，人们很难回答"多高是高"这种问题。问题可能应该问得具体一些。比如："对一个十岁的女孩来说，多高才算是一个高个子？""高个子"是一个相对概念，说它相对是因为它是随语境的变化而变化的。在某一语境中，一个一米四五的人可能称为"高个子"，因为与它相比的唯一对象才一米四零。另外，如果两个三岁的孩子相比，典型高度肯定要比成人"高个子"的典型高度低很多。高个子、高建筑物、高树各自的典型高度均不相同。因此，适应于某一特定语境的典型高度不应视为普遍意义上的"高个子"典型高度。可是，这种情况并不一定适用于所有的模糊词语。举模糊量词为例，虽然"很多"与"高个子"的情况相似，即很难给出一个统一的标准，但"大约二十个学生"的典型则较容易确定。"二十"可算作一个较统一的典型，它不大容易随语境而改变，比较稳定。

总之，典型论从认知的角度研究模糊性，从典型与非典型之间的关系来处理模糊性。一个非典型离典型越近，它的隶属度程度就越高。典型在一个模糊集中起着标准典范的作用，它对语义范畴的制定有不小的影响。虽然典型论和模糊集论互相并不矛盾，但所采用的表示方法却不同。模糊集论主要用形式语言（数字）来表示模糊性；而典型论则用非数值形式来表现模糊性。前者强调的是隶属度的连续性，而后者则主要强调典型的代表性。

## 二　威廉森

威廉森现为英国爱丁堡大学逻辑学教授。他在其《模糊性》（Vagueness，1996）一书中从认知学角度对模糊性，尤其是它的起因，作了研究。

在他的著作中，威廉森讨论了历史遗留下来的问题。从古希腊的"（一）堆"（heap）谬论①讨论到现代形式理论（比如，模糊逻辑）。人们普遍认为古典逻辑和形式语义学不能理想地处理模糊语言，威廉森却认为现今的任何非传统理论均不能在脱离传统逻辑轨道的前提下为模糊语言提供一个令人满意的处理方案。

在威廉森看来，模糊性是一种认识现象，一种人类对客观世界还缺乏彻

① 比如，每次从一沙堆上拿走一粒沙子，那么哪一次拿走后沙堆不再算是沙堆了呢？

底了解的现象。他认为，现实中确实存有一粒沙子，如果把它从一沙堆中取走，那么沙堆将不再是"沙堆"了。问题是目前人类还不知道哪一沙子是这样的至关重要。这种提法的涉及远远超过模糊性的研究。威廉森主张的核心是人类知识的局限性，而人们往往又不易察觉到自己知识的局限性。元语言中的模糊性尤其是由人类有限的知识所引起的。在更高一层意义上说，威廉森的理论是唯实主义，即人类对现实世界概念界限的认识有限，他肯定经典逻辑和经典语义学对模糊性研究仍是适用的。

有些时候，威廉森指出，不能准确地判断某人是否"聪明"，这是因为我们不能统一大家的见解，无法断定他是聪明，还是不聪明。不仅如此，用来给"模糊"下定义的语言也并不精确，当然这是更高一级的模糊，威廉森称之为"元语言"级的模糊。这种元语言的模糊目前还没有什么有说服力的理论可以处理它。这种元语言常被误认为一种精确语言。经典逻辑常被指责为对模糊语言行不通，但人们又总想将其用于元语言之中。

如果想理想地描述元语言的模糊性，威廉森主张经典逻辑的运用是必不可少的。他认为模糊性是一个认识问题，经典逻辑或语义学不能处理模糊性这一看法是一种误解。一个命题的真值不确定，这是因为人们无法知道它的真值是真还是假。更高一层的模糊是有关这种无知的无知。他认为认识上的模糊是对自然语言模糊的最好解释。所有的非传统方法，包括模糊逻辑都不能很好地处理模糊性，尤其是元语言一级的模糊性。威廉森认为超级赋值理论可以处理元语言的问题，但它所采用的非标准真值方法却显得无多大意义。

威廉森认为一个词的内涵是人所共知的，但其外延却无一定论。比如，"大约二十"，它的内涵可为"近似二十的一个数字区间"。但到底哪些数组成这个数字区间，即它的外延，却是一个难以回答的问题。

威廉森还对客观世界本身模糊这一观点有保留。我本人认为客观事物本身不应该被看做是模糊的。"模糊"是用来描写语言和概念的特征的。比如，"小王是个高个子"之所以模糊，是因为人们对"高个子"没有一个统一的认识，缺乏判断这一概念的统一标准。但是组成"高个子"这一集合的客观实体，小王、小张等，本身并不模糊。客观实体本身既谈不上模糊也谈不上精确。模糊是语言和逻辑的属性，而不是客观世界本身的属性。

威廉森解释说经典逻辑要保留，二值原则不能丢，理由是如果下定义时用的元语言可以是精确的，那么自然语言就应该可以非真即假。这个论点是值得商榷的，从以下几方面说明一下威廉森的提法的不成立性。

第一，元语言可由精确语言组成，但也不应排除由模糊语言组成的可能性。人们常在元语言中发现大量的模糊词语。一个很好的例子就是我在写这本书时所用的语言，其中很大一部分为元语言范畴，可并不乏模糊词语的运用。

第二，退一步说，即使是元语言全都是精确的，在元语言中二值原则的成立并不说明自然语言的其他部分也必须是非真即假。因为语言中有模糊性，也有精确性，二者是缺一不可，相辅相成的。所以，不应该机械化类推，认为自然语言都应该绝对精确。

第三，科学定义与精确语言不能混为一体。换言之，精确语言不一定形成一个科学定义，而科学定义又可由模糊语言来形成。这要追溯回"模糊"的定义这一问题。"模糊"不等于"滥用"或"误解"，它是一个科学概念，指的是语义外延界限的不确定性。多少年来，人们用带有模糊性的自然语言进行各种各样的科学研究，获取了可喜的成绩。能用自然语言下科学定义，这并不意味着自然语言不模糊或命题可以非真即假。查德（1965，1975）也指出模糊集论本身也是"模糊"的，这源自于自然语言的模糊性。但这与定义不科学，不严格无关。"模糊"并不是什么缺点，它是人类语言和思维的一个特点。

总之，二值原则和经典逻辑的可行性是有问题的，即用它们来表示模糊语义是有局限性的。威廉森以人类认识有限为由来肯定二值原则的适用性在我看来是说明不了问题的。这是因为人们的认识有限会造成模糊性，而模糊性是不能用二值原则和经典逻辑来解释和处理的。尽管将来人们的认识可能达到尽善尽美，从而模糊性消失；可就目前情况看，模糊性的大量存在意味着二值原则和经典逻辑是解决不了问题的。当然，我们不是说应该完全抛弃经典逻辑和二值原则，它们在某些情况下还是有效的。模糊逻辑也是经典逻辑的扩展，即把二值原则发展为多值原则，重要的修改是隶属度和真值可以用不同等级来表示。当然，有些学者［例如，哈克（S. Haack，1996）］并不认为真值可用等级来表示，模糊逻辑本质上还是二值逻辑。其实，模糊逻辑虽说是经典逻辑的广义化，但绝对不是二值逻辑本身，详见本书第一章。

最后要说明的是，威廉森的认识和知识不完善造成模糊性的看法有道理，但这并不是唯一的原因。人与人之间的差异，语言和思维推理之间的关系，语境的不同等等均与模糊性有着一定的关系。详细讨论参见 Zhang（1996）。

以上是对国内外学者，主要是国外学者，就语言的模糊性，尤其是语义模糊性，所作研究的综述。这些工作是从语言、逻辑、心理、认知等方面进行的。一个大家都同意的观点是语言中存有模糊性，更完善的理论和方法将使这方面的研究更深入一步。

目前学术界对"模糊"的定义和其研究领域尚有争论，下一章的内容将对此进行划界，以期澄清一些相关的问题。

# 第三章  模糊、含糊、概括、歧义①

这一章讨论的是模糊（fuzziness）、含糊（vagueness）、概括（generality）、歧义（ambiguity）这四个概念的区分。虽然有人对此已作过一些研究［比如，凯迫森（Kempson，1977），吉利尔特斯（Geeraerts，1993），塔吉（Tuggy，1993），库伊基（Kooij，1971），麦考利（1981）］，但是以上这四个概念之间的区别仍存在一定的问题，尤其是模糊和含糊之间的区别仍存在一定的问题，一些人把它们混为一体。举例来说，皮尔斯（Peirce，1911：748）给"含糊"下了这样一个定义：当人们不能对一个命题的所指给出确定的回答时，这个命题则为"含糊"。皮尔斯的定义与"模糊"的定义很相近。同时，"含糊"又被另外一些人定义为与"模糊"不尽相同的一种现象，比如厄尔曼（Ullmann，1962）和凯迫森（1977）。凯迫森认为"含糊"比"模糊"的范围要大一些。

有关这四个概念的区别有一定的现实意义。比如，歧义和其他三个概念相混可能会给词典工作者带来一定的困难。一个模糊词应该列为一个词条还是一个以上的词条，这取决于我们对它的定义的理解。虽然以上提到的四个概念均带有不确定的语义信息，但它们表示的方法却有所不同，这部分的讨论将分析这些不同的方法。更重要的是，这里的讨论有理论上的启示，可进一步发展语义的研究。

## 第一节　定义

这一节，将分别给出模糊、含糊、概括和歧义这四个概念的定义。

1. 模糊

"小王脾气很大"，什么叫"脾气很大"？用什么来衡量"很大"、"大"

---

① 本章是通过对作者本人在国际刊物《语用学杂志》（Journal of Pragmatics，1998 年第一期）上发表的一篇英语论文的修改和补充而写成的。

或"不大"？这些问题一直是"老大难"问题。再者，什么是"脾气"？
"脾气"的所指怎么确定？"很"、"大"和"脾气"等具有不确定外延的词
语均为"模糊词语"。

模糊词语在自然语言中比比皆是。人们可以自如地运用它们，它们并不
是什么"坏东西"。一般来说，这种不精确的外延不需要加以精确化，人与
人之间的交际，这种模糊语言完全可以胜任。至于人工语言的运用，目前还
需要将模糊语言形式化，这种形式化可由模糊逻辑之类的方法来完成。

模糊词语的模糊性是语言本身所固有的。如果需要，可以强行给它们暂
定出针对某一特定语境或需要的精确语义，但这种人工产品不应视为自然语
言的一部分。

2. 含糊

"含糊"可定义为一个有多种语义解释的词语或句子，以多义词为代
表。例如，"好"有多个词素：好（天气），好（学生），好（人），好
（腿），等等。就句子来说，"小王拿了我的自行车"可指"小王拿了我买的
自行车"，"小王拿了我借的自行车"，或"小王拿了我爸爸送我的自行车"，
等等。

另外一种含糊句义是一种含有"或"的句子来表现的。比如，"我或走
或留"，这个句子有两种意思：我走；我留。还有一些句子可含有三种意
思。句子"我早饭吃鸡蛋或喝牛奶"的意思可为：我早饭吃鸡蛋；我早饭
喝牛奶；我早饭吃鸡蛋和喝牛奶。

3. 概括

一个词语的概括义指不具体的意义。比如，"城市"这个词的意义比较
概括，因为它没有具体说明城市的大小，古代式还是现代式等等。"我的老
师"并未说明是男还是女，是高还是矮，是中国人还是外国人等。观察以
下几例：

a. 小王看见了小李。

b. 小王吃了饭。

c. 小王得到了学位。

$$(3.1.1)$$

这三个句子均为含有概括义的句子。第一句未有小王何时何地看见小李
的细节；第二句未说小王吃的是早饭，午饭还是晚饭。最后一句也没有说小

王得到的是什么学位。

4. 歧义

歧义指的是词语或句子可表达多种意义，而且这些多种意义之间又无多大语义关联。例如："新生"有两个互不相干的意义：新学生和新的开端。另外，"米"可指测量单位，也可指粮食的一种。

英语中的例句有："Flying planes can be dangerous"。它有两种意思："飞行的飞机是不安全的"；"驾驶飞机是不安全的"。它们在语义上是没有什么共同点的。

## 第二节　凯迫森和菲恩的研究

对以上提到的四个概念，语言学家给出的定义不尽相同。这里以凯迫森（1977：124—128）给"含糊"下的定义为例：

（1）外延含糊（referential vagueness），即一个词项的意义原则上明确，但它的外延界限却很难确定；

（2）语义不确定（indeterminacy of meaning），即语义本身不确定；

（3）语义不确切，即语义本身明确，但细节没有说明；

（4）确切语义的分离，即含有"或"的句子，其句义由两个以上的语义解释组成。

（1）表示的是词的所指，即应用范围，不明确。什么是城市和县城的区别？什么是大山和小山的区别？什么是河和溪的区别？人们对这些区别没有一个精确的标准来衡量。类型（1）与本书所定义的"模糊"相同。

（2）中所谓的意义不确定可以"小王的书"为例。"小王的书"可指"小王买的书"、"小王借的书"、"小王爸爸送给他的书"、"小王正在写的书"，等等。在具体语境之外，这个词组有几个释义，因此被凯迫森划入意义不确定类。这种类型可用下图（图见下页）3.2.1a 来表示。它与我们所定义的"模糊"却不尽相同，因为它不是意义所指的不确定。就模糊性来说，"小王的书"可由下图（图见下页）3.2.1b 来表示。

在图 3.2.1a 中，"小王的书"和它下面的几个意义解释之间的关系是确定的，即那几个意义解释肯定是属于"小王的书"的语义范畴的。相反，3.2.1b 显示的是"小王的书"，确切地说是"小王写的书"，和它的所指外延之间的不确定关系。图 3.2.1a 用的是实线，表示确定关系；而图 3.2.1b 用的多是虚线，表示不确定关系。图 3.2.1b 中，词组与元素 1 之间的实线表示一种确定关系，即元素 1 是典型。"小王写的书"的模糊性在自然语言中的例子可为：一本书是小王和另外一个人合写的，到底写多少才算是"小王写的书"？对这个问题，我们没有精确的回答。在这种意义上，可以说"小王写的书"的语义界限是模糊的。

　　另外，图 3.2.1a 中的几个语义解释可由语境来选择。在特定语境中，只有其中的一个语义适合于上下文。因此，图 3.2.1a 的不确定性可在语境中消失。但是，图 3.2.1b 中的模糊性则不能为语境所消除，具体讨论参见本章第 5.2 节。

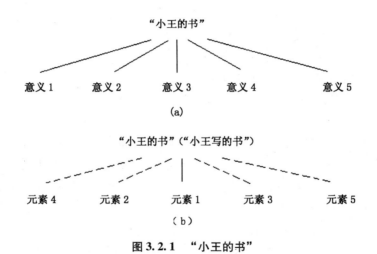

图 3.2.1　"小王的书"

　　凯迫森为"含糊"划定的第三类，称之为缺乏具体性。举个例子来说，"朋友"这个词并未说明性别、国籍、年龄等等。"朋友"可以是一个六十七岁的中国男子，也可以是一个三岁的新西兰女婴。其实，"模糊"和"非具体"是有区别的。后者是说一个词语的语义不具体，而前者是指其语义所指范畴不确定。就"朋友"的非具体性来说，它并没有说明脾气，高矮，丑俊等具体细节。而就"朋友"的模糊性来说，我们不知道具体衡量"朋友"的标准。有时候，刚认识几分钟就可称为"朋友"，而认识一辈子的人却又可能不算是"朋友"。模糊性是指某一元素是否属于"朋友"的语义所指范畴不确定。由以上解释来看，"朋友"可有非具体性，也可有模糊性，这要取决于从哪一个角度来考察它。"朋友"的非具体性是上面所说的"概括义"，详见本章第1.3节。

凯迫森所说的第四类是由"或"组成的句子。例如，"申请者需有博士学位或教学经验。"这里的"或"意指申请者或有博士学位或有教学经验，或两者均有。我本人认为这种由"或"组成的句子其实应看做"含糊"义的例子，即一个句子有几种确定的语义解释。

总之，凯迫森所说的四种类型，只有类型 I 是我们所定义的"模糊"。类型 II 和类型 IV 应为"含糊"类，而类型 III 可为"概括"类。

菲恩（1975）也曾试着区分"模糊"、"歧义"、"概括"。假设好$_1$、好$_2$、好$_3$分别代表谓词，并由下列条件来定义：

（1）（a）$n$ 是好$_1$，当且仅当 $n > 15$，

（b）$n$ 不是好$_1$，当且仅当 $n < 13$；

（2）（a）$n$ 是好$_2$，当且仅当 $n > 15$，

（b）$n$ 是好$_2$，当且仅当 $n > 14$；

（3）$n$ 是好$_3$，当且仅当 $n > 15$。

$$(3.2.1)$$

谓词好$_1$是模糊的，因为它的所指不确定。如（1）所示，如果 $n$ 大于 15，那么 $n$ 是好$_1$；如果 $n$ 小于 13，则不是好$_1$。13 至 15 之间则是一个"模糊"地带，即 13，14，15 是否属于好$_1$，我们不清楚。举例来说，句子"教室中大约有三十个学生"，100 个学生一般不会在"大约三十个学生"的范围之内。但 20 个学生是否属于其范围则很难确定了。

好$_2$是歧义，因为它有两个以上的语义是不相关的意义。如（2）所示，如果 $n$ 大于 15，那么 $n$ 是好$_2$；同时如果 $n$ 大于 14，$n$ 也是好$_2$。结果是好$_2$同时存有两个值，14 和 15。举个自然语言中的实际例子，"新生"有两个意义，"新的学生"和"新的开端"，这表示的就是歧义。

接下来，好$_3$表示的是概括义，因为（3）说明如果 $n > 15$，那么 $n$ 就是好$_3$。换言之，任何大于 15 的数字均为好$_3$。这样看来，好$_3$的确很概括。

## 第三节　语义辨别

在这一节中，我们从语义角度辨别模糊、含糊、概括和歧义这四个

概念。

## 一　一个或一个以上的意义

歧义是指一个词带有一个以上，且在语义上互相不相关的词项。因此，在词典中一个歧义词经常列为不同的词条。例如，"米"有粮食意义上的"米"和长度测量单位意义上的"米"。《现代汉语词典》（1996：第873页，北京：商务印书馆）就将其列为两个不同的词条。这两个词条在意义上是没有什么关联的。

含糊义则指一个词带有多个语义上有关联的义项。因此，这种词在词典中通常只列为一个词条。例如，虽然"看"在以下用法中有不同的解释：看（电视），看（书），看（朋友）等。以上提到的《现代汉语词典》（第705页）却只给其一个词条。这是因为这些语义是有关联的，并且都是从一个中心意义引申而来的，这个中心意义可概括为"与眼移动有关的动作"。

另外，一个概括或模糊词语也只有一个义项。比如，"人"只有一个概括意义，它没给出有关性别、高度、国籍等具体信息。同样道理，模糊词"高"也只有一个内涵意义，而由这一内涵所引出的外延却不确定。因此，"人"和"高"在《现代汉语词典》中均有一个词条（参见第1061页和415页）。

接下来，再看英语中的例子。"bank"在《郎曼英语词典》（1984：第112页，Madrid：Longman）中有两个词条：a. 银行；b. 岸、堤、堆。"羊"（sheep，第1372页）作为一个概括词和"高"（tall，第1531页）作为一个模糊词均只有一个词条。[①]

## 二　外延或非外延

如上所述，模糊词的一个主要特征是外延不确定。以"高"为例，它的内涵或定义可为：比平均高度高的高度。单就这个抽象意义来说，它并不显得模糊。模糊是在人们试图找出它的外延界限时出现。多高才算为高？一个一米七八的人是"高"还是"矮"？这个问题不容易回

---

① 这里必须强调的是，词条的数目并不是一个百分之百可靠的判断标准。

答，因为判断标准与很多因素有关，诸如语言、社会、心理、地理等方面。一个高个子女子的高度可能只等于一个中等个子男子的高度。一个高个子男子的高度可能还够不上一个职业男篮队中的矮队员的高度。这也就是说，"高"的外延是一个语用问题，不能在抽象意义上确定。

与此相反，歧义、概括和含糊与外延界限无多大关系。它们多指内涵义。例如，我们说"新生"是一个歧义词，是因为它有两个不同的意义。一个概括词，例如"人"，是因为它的定义有一些不具体的成分，而不是因为它的外延问题。

就"含糊"来讲，外延是否不确定与它无关。例如"小王的书"的几个语义解释的外延界限是否确定这一问题与含糊义无关。然而，如果要考察"小王的书"的模糊性，外延界限则变成一个中心问题。假设"小王的书"意为"小王买的书"。那么，小王必须付多少钱，一本书才算是他买的？具体说来，如果这本书是小王与别人合买的，那么小王必须付百分之多少的钱才能算为此书的拥有者之一？

## 第四节　句法辨别

在这一节中，四个概念的区别将从句法角度加以讨论。下面使用的是几种不同的句法测试。

### 一　同一式检验

英语中的动词词组特有式（verb phrase pro—form）可用来区分歧义，含糊，模糊和概括（参见雷可夫，1970）。请看下例：

a. Old Wang went to a bank this morning; so did young Wang. （老王今早去银行/岸边了，小王也去了。）

b. Old Wang has eaten; so has young Wang. （老王吃过了，小王也吃过了。）

c. Old Wang is tall; so is young Wang. （老王是个高个子，小王也是。）

d. Old Wang has a friend; so has young Wang. （老王有个朋友，小王也有一个。）

(3.4.1)

英语中"..., so is/has"要求两个分句的同一性。这种同一性是内涵义的同一，而且是不严格意义上的同一。（a）句有两种解释：老王今早去银行了，小王也去了；或者老王今早去岸边了，小王也去了。但不能将（a）理解为：老王今早去银行了，小王也去岸边了。这是因为"银行"和"岸边"的语义无多大联系，而"..., so is/has"要求语义的同一性，两个分句的意义必须协调。相反，（b）句为含糊义句子，因此（b）可为"老王喝了汤，小王吃了饭"。第一个分句中的"eat（soup）"（喝汤）和第二个分句中的"eat（meal）"（吃饭）在语义上是不矛盾的。同样，（c）句含有模糊义，它可具体理解为"老王是高个子（一米八），小王也是（一米八五）"。这是因为一米八和一米八五均可属"高个子"的外延范畴。（d）句是一个含有概括义的句子，与（b）和（c）同理，它可以具体解释为"老王有一个朋友（中国朋友），小王也有一个（新西兰朋友）"。"中国朋友"和"新西兰朋友"均属"朋友"语义范畴，所以上述解释成立。

这种动词词组特有式要求的是两个分句内涵义的同一，而不是在具体语境中的语义解释或外延的同一。如果不是这样，至少（b）和（c）不能通过这种测验，因为它们的语义解释或外延所指不尽相同。具体来说，（c）中"高个子"，一个是指一米八，而另一个是指一米八五，二者不相等。①

## 二 矛盾式检验

矛盾式检验常用来检验歧义现象，详见兹维克（Zwicky）和塞道克（1975），舍乃尔（1994）。它的形式为"X＋肯定性谓词＋Y，X＋否定性谓词＋Y"。请看下例：

a. It is a bank，but it isn't a bank.（它是一个银行/岸边，而不是一个岸边/银行。）

b. *It is young Wang's book，but it isn't young Wang's book.（它是小王的书，而不是小王的书。）

---

① 这类测试，目前尚存一些争议。详见兹维克和塞道克（1975）。

　　c. *It is around two o'clock, but it isn't around two o'clock. （现在是两点左右，而不是两点左右。）

　　d. *It is a pig, but it isn't a pig. （它是一个猪，而不是一个猪。）

（3.4.2）

　　在（a）中，第一个分句可用"bank"的意义之一（银行），而第二个分句可用它的另一个意义（岸边）。这两个意义在语义上没有什么关联，因此可以共用于矛盾式句子而句义成立。然而，其他三个句子不能这样用，因为"小王的书"、"两点左右"和"猪"均无两个互不相关的语义。

　　具体来说，"小王的书"可有以下两种语义解释："小王买的书"和"小王写的书"。这两个解释不尽相同，但却有一定的语义关系，它们都描写小王和书的所有关系。因此，（b）的矛盾式有一定的问题。（c）句中"两点左右"可能表示两点过五分，也可能表示差五分两点。但二者之间并不互相矛盾，二者的协调性又使（c）句的矛盾式不成立。同样道理，虽然"猪"这个词的意义不具体，但并不含有另外一个互不相关的语义，因此我们对（d）句也有疑问。

　　由此可见，矛盾式检验可以把歧义句从其他三种句子分离出来。只有歧义句适用于矛盾式，另外三种却不适用。

### 三　"多"式检验

　　如上所说，模糊性是用不同程度的隶属度和真值来表示的。例如，两点零五分对"大约两点"的隶属程度要比两点五十分的高一些。由于这个原因，模糊语义可用"多"（how）式，例如"多高是高？"测试出来。"多"式提问针对的是词义的外延界限，而模糊词语都有一种渐变的语义区间。在回答类似"多高是高"这类问题时，常常是仁者见仁，智者见智。

　　除模糊词语以外，含糊，歧义和概括词语均不适用于"多"式问句。例如，"他有了新生"，如果这里强调句子的歧义，"多"式提问则不适用。针对句子的歧义，可以提出问题是"新生"是什么意思。当然，这并不意味不能就"新生"提"多"式问题了。如果模糊语义是重点，那么可以问"多新的学生才算是新生？"头半年，头一年，还是头两年的学生？就此章所讨论的四种类型来说，能用"多"式提问的是模糊类型，而不是歧义或其他别的类型，这是因为这里所说的"多"式问题问的是词语的外延界限。换言之，可用"多"式提问的句子具有模糊性。

### 四　模糊限制词检验

模糊限制词可分两类：使精确语义模糊化（例如，"两点左右"中的"左右"）；改变模糊程度（例如，"很大"中的"很"）。"两点"本可为一个精确词，[①] 但被"左右"限制以后，"两点左右"则为一个模糊词了。类似"左右"的还有"大约"、"多"、"将近"，等等。另外，"很"可使"红"的程度更提高一些；而"有几分"则可使"红"的程度降低一些。有关模糊限制词的详细讨论，参见雷可夫（1973a）、舍乃尔（1994）和 Zhang（1996）。

模糊限制词可以用来检验模糊性。任何可以和这类限制词结合的均属模糊类型。这是因为能加入这种限制词的前提是被修饰的语义可以用程度来表现。请看下例：

a. It is sort of a bank. （在某种意义上讲，它是一个银行/岸边。）

b. It is sort of young Wang's book. （在某种意义上讲，这本书是小王的书。）

c. It is sort of a city. （在某种意义上讲，它可算为城市。）

d. He is sort of a student. （在某种意义上讲，他是学生。）

$$(3.4.3)$$

（3.4.3）中的四个句子都具有模糊性，这是因为它们均含有"sort of"（几分，在某种意义上讲）这个模糊限制词。例如，"It is a bank"原本是一个歧义句，因为"bank"有"银行"和"岸边"两种意义。（3.4.3a）却又是一个模糊句，不论"bank"意指"银行"还是"岸边"。这是因为"在某种意义上讲"显示了"bank"有模糊程度。以"银行"为例，"在某种意义上讲"暗示由于某种原因（诸如，规

---

① "两点"在日常用语中也可用为一个模糊词。比如，"小王两点钟来"，其中的"两点"有可能意指"大约两点"。

模、生意的性质等），某个银行不是标准意义上的银行。再以"岸边"为例，"在某种意义上讲"显示的是，由于某种原因（诸如，规模、地点等），句中的岸边算不上标准意义上的岸边。

　　同样道理，（b）即可为含糊句也可为模糊句。说它是含糊句，是因为"小王的书"到底是指"小王买的书"还是指"小王写的书"不清楚。说它是模糊句，是因为含有"在某种意义上讲"以后，句子则有一定的模糊语义在里边。（c）句本身就模糊，因为"城市"本身就有不确定界限。"在某种意义上讲"或使"城市"的模糊性更容易辨认，或使其语义更模糊。（d）句的"学生"缺乏具体义，比较概括。加上"在某种意义上讲"以后，（d）句又带有模糊性了。"在某种意义上讲，他是一个学生"，是说"他"不是一个通常意义上的学生，可能没注册，类似旁听生之类。换言之，我们在判断一个学生是不是"某种意义上的学生"时，会碰到不确定性这一难题。

## 五　是/否式检验

　　由以上的讨论可知，词语或句子可以同时具有几种特性：含糊、模糊、歧义或概括。从不同角度观察，会得出不同的结论。例如，"小王有了新生"，因为"新生"的歧义性质，这句话必然带上歧义性。它也有概括性，"新生"到底是男还是女，是高还是矮？另外，这句话也是模糊的，其中"新"的外延界限是不确定的。

　　一个是/否式检验可以确定哪种句义是讨论的重点。对"小王有新生了吗"这个问题，可以直截了当地用是/否来回答。用是/否式的前提是人们或者从歧义角度或者从概括义角度来理解这句话。回答可为："是的，小王有了新生（新开端/新学生）"；或"没有，小王没得到/有新生"。含糊句也可以用是/否式来提问或回答。比如，对"这是小王的书吗"这一问题，如果用"是/否"来回答，那么强调的重点多为含糊义。

　　相反，如果强调的是"小王有了新生"或"这是小王的书"的模糊语义，回答则大多为："有几分"、"在某种意义上"，等等。类似"有几分"讨论的中心应是模糊性，因为模糊语义允许数量上的、不同程度上的判断。这也就是说，对一个模糊词或句一般是不用直截了当的是/

否式来回答的。

### 六　同音异义和多义现象

首先讨论一下词（word）和词项（lexical item）这两个概念。概念"词项"是概念"词"的子集，即词包含词项。比如，"会"这个词至少有两个词项："会议"和"能"。进一步说，一个词项可再继续分为不同的义素（seme）。例如，"能"可再分为几个义素："能够"、"可能"、"善于"、"懂"等。

如果一个词有几个意义上互不相关的词项，那就称之为同音异义（homonymy）。比如："花"（钱）和"花"（朵）。也就是说，"花"这个词有两个互不相关的词项。如果几个义素从同一词项引申出来，而且在语义上有关联，则称之为多义现象（polysemy）。下列句子显示的就是一种多义现象：

a. 小王<u>会</u>说英文。

b. 小王<u>会</u>说话。

$$(3.4.4)$$

（3.4.4）中的两个义素——"能"和"善于"——在语义上是有一定关联的。一个人善于做什么，一般就有能力去做什么。

下图 3.4.1 表示的是（同形）同音异义和多义现象：

在三个层次（词、词项和义素）中，存在着两种关系：同音异义和多义关系。同音异义是词和词项之间的一种关系，而多义是词项和义素之间的一种关系。问题是这三个层次和两种关系与我们这里所讨论的歧义、含糊、模糊和概括之间有什么关系。请看图 3.4.2（图见下页）。

从以上讨论中，可以看出歧义表现在词这一层次上，仅与同音异义有关系，如图 3.4.2 中"bank"所示。含糊则由多义现象来体现，这可由图 3.4.2 中的"mouth"来代表。模糊与同音异义是无关的。例如"深红"和"浅红"之间的不确切界限是"红"词项下的一种多义现象。从层次上看，含糊和模糊可以在所有的三个层次（词、词项、义素）上出现。

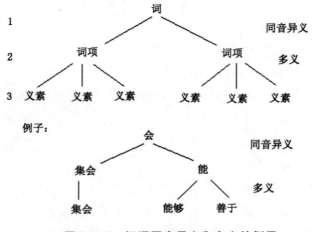

图 3.4.1　汉语同音异义和多义的例子

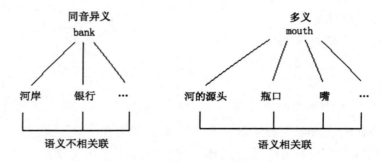

图 3.4.2　英语同音异义和多义的例子

　　至于概括义，它也可以出现在三个层次中的任何一个层次。比如："花"是一个词，"花（名词）"是一个词项；而"（雪）花"是一个义素，这三个在不同层次上都具有概括义。另外，概括义与同音异义和多义现象均不相关。比如："雪（花）"含有概括义，原因是它并没有提供大小、颜色等具体情况，但这与同音异义和多义现象无关。

　　最后要补充的是，歧义现象有两种形式：句法和语义。一个句法式歧义的例子是"年轻女子和男子参加了晚会"。这句话至少有两种解释：年轻的女子和年轻的男子参加了晚会；年轻女子和或者年轻或者不年轻的男子参加了晚会。因为含糊、模糊和概括讨论的主要是语义问题，所以不同的句法结构与这三个概念无关。这进一步把歧义与其余三种现象区分开来。

# 第五节　语用辨别

语用方面，含糊、模糊、概括和歧义也有一定的不同，这方面的讨论可以进一步划清它们各自的概念范围。

## 一　语言使用者的判断

首先，含糊、概括和歧义与人们的判断关系不大，至少不像与模糊性那样关系紧密。例如，歧义性命题"小王有了新生"的真值是由小王是否有新生（新开端/新学生）来决定的。个人的主观因素无关紧要。同样，概括义（比如"人"）和含糊义（比如，"好（学生）"和"好（饭菜）"）的理解和确定与人们的主观判断也关系不大。例如，概括性命题"小王需要一个人帮他抬箱子"，在确定它的真值时，人们的主观判断并不起什么作用。另外，在含糊性命题"小王是个好学生"中，没有人会说"好"在这一命题中是"好饭菜"中"好"的意思。也就是说，在语境的限制下大家的意见一致，也就没有什么含糊性好谈了。

相反，模糊性与语言使用者作出的不同判断有关。同样一本书，A可能认为这本书很有趣，B却可能认为它没有多大意思，这种判断上的分歧是造成模糊性的原因之一。而"bank"（银行/岸边）有歧义，是因为它有两个内涵义，而不是因为人们的不同的判断。这也就是说，"bank"的歧义是自身原因造成的，与外在因素无关。但"高个子"的模糊性却是由它所代表的概念的模糊性所引起的，也就是由于人们对它的外延界限没有明确而统一的认识。① 由此得出的结论是，研究语言模糊性时，非语言因素也是一个不可忽视的方面。

## 二　语境

上节讨论的是，人们不同的主观判断会对模糊性的产生有一定的作

---

① 当然，除了这里提到的原因外，模糊性的产生还可能有其他原因，详细讨论见 Zhang（1996）。

用。由此而得来的是，语境不可能进行"非模糊化"。相反，其他三种现象均可在语境中取消。这又归结到一个提过多次的模糊语义的本质问题：模糊词语的外延所指无法确切化。

具体说来，歧义可在语境中消失。例如"新生"与语境脱离时有歧义，但把它放到具体句子中歧义则可消失。在"小王的班上刚来了一个新生"这一句中，"新生"应指"新的学生"。而在"小王经过一番痛苦磨难，重获新生"这一句中，"新生"应指"新的生命"或"新的开端"。舍乃尔（1994：35）正确地指出歧义现象在日常语言交际中并不构成什么问题，这是因为歧义会被特定语境所消除。通常，在日常语言交际中人们根本就意识不到歧义的存在。

同样道理，含糊义也会在语境中变得明确起来。例如：

a. 小王的书是从图书馆借的。

b. 书店刚开始卖小王的书。

$$(3.5.1)$$

通过上下文，（a）中"小王的书"应理解为"小王借的书"，而（b）中的为"小王写的书"。这就是说，虽然"小王的书"独立看可能含糊，但一放入具体语境则不再含糊了。概括义也类似于含糊义，在语境中它就会变得相对具体一些。例如，"小王请几个人来帮他抬走这架钢琴"。在这句话中，"人"大多指"男人"，因为钢琴是比较重的。

然而，"非模糊化"与语境的关系却不大。例如，"小王大约两点回家"含有模糊义，这种模糊性是语境所不能去除的。如前所述，模糊性是语言和思维本身所固有的特性，不是轻易可以去掉的。而其他三种特性主要是语言现象，可以由语言本身所提供的语境来解决。

### 三 格里斯的合作原则

格里斯（Grice, 1975）所提出的合作原则（Co - operative Principle）断定人们要遵守以下语言交际原则：质量（基于所提供的信息，说真话）；数量（信息性强，但不应有多余成分）；适用性（与话题有关）；方式和方法（简洁、明了）。

这四大原则准许模糊、含糊、概括义的合理存在，但认为歧义是不规范的。例如，使用句子"小王是高个子"是符合合作原则的。使用者可能是遵守"最高质量"规则，即说真话，因为他的确不知道小王的具体高度。或者，使用者遵守的是"最高数量"规则，因为小王的准确高度不需要说出。再者，使用者还可能是遵守简洁明了的原则，而不说出小王的具体高度。

如果一个人明明知道小王的精确高度却又不说出，按道理是违反了"最高质量"中说真话的原则。然而，格里斯提出此种违反行为可能有其特殊的暗含意义。这就是精确高度是不重要而不需要说出来的，重要的是使用者的判断，即"小王是高个子"。

同样道理，使用者说"小王打了我"也遵守格里斯的合作原则。这句话在某种意义上是概括的。比如，小王是有意还是无意打人，这一问题没有讲清楚。但这种确切信息可能并不需要，人们只需要知道小王打了"我"这一事实就够了。再举一个含糊句，"小王拿了老王的书"，这句话也具有格里斯意义上的合作性，因为一般说来人们不必知道"老王的书"的具体所指。当人们听到这句话时，大都不会关心"老王的书"到底是指"老王买的书"，还是"老王写的书"。

然而，歧义句在四项原则的意义上则显得不合作了，因为这种句子造成语义理解上的困难。例如："小王有了新生。"如果它的歧义在语境中也不能消除，那么它就会违反合作原则。虽然说者可能知道此句的句义，但听者却不明白。因而，说者实际上没说真话，不明了，也没提供应提供的信息。进一步说来，这句话的说者也不可能造成一种格里斯所说的"暗含"的特殊效果，因为听者连这句话的句义都不明白，不可能理解什么特殊效果。

总之，模糊、含糊和概括在格里斯的语言合作原则下是有效和得当的。它们是语言交际的重要组成部分。而歧义句则是应该解决的问题。人们应该尽量避免使用在语境中也不能消除的歧义句，因为它们会造成一定的语言交际困难。

四个概念的讨论到此基本结束。下表 3.5.1（见下页）给出一个对以上所讨论的内容的概括。

表 3.5.1 显示，四个概念在各种不同的测试中显示出不同的特征。总的说来，含糊、概括和模糊是确定性不足，而歧义则是确定性过多。模糊词语不确定的外延界限这一特点使其可通过同一式，"多"式和限制词式等测验。同样是这一特点使模糊词语不能通过矛盾式和是/否式

等测验。另一方面，模糊词语与人们的判断和推理关系密切，符合格里斯的合作原则，但语境对解除模糊性却无能为力。

值得指出的是，人们常常从单方面来考虑以上四个概念。例如，一句话或是含糊或是概括。其实，同一句话，从不同角度观察可能得出不同的结论，可能同时又含糊又概括。这意味着多方面考虑这四个概念会使我们的研究更有成效。

**表 3.5.1　　　　　　　歧义、含糊、概括、模糊**

| | 语义测验 | |
| --- | --- | --- |
| | 一个或多个内涵义 | 明确的外延 |
| 歧义 | 多个内涵义 | 不相关 |
| 含糊 | 一个 | 不相关 |
| 概括 | 一个 | 不相关 |
| 模糊 | 一个 | 无 |

| | 句法测验 | | | | | |
| --- | --- | --- | --- | --- | --- | --- |
| | 同一式 | 矛盾式 | "多"式 | 限制词式 | 是/否式 | 同音异义/多义 |
| 歧义 | 否 | 是 | 否 | 否 | 是 | 同音异义 |
| 含糊 | 是 | 否 | 否 | 否 | 是 | 多义 |
| 概括 | 是 | 否 | 否 | 否 | 是 | 不相关 |
| 模糊 | 是 | 否 | 是 | 是 | 否 | 多义 |

| | 语用测验 | | |
| --- | --- | --- | --- |
| | 主观判断 | 语境 | 格里斯合作原则 |
| 歧义 | 否 | 是 | 否 |
| 含糊 | 否 | 是 | 是 |
| 概括 | 否 | 是 | 是 |
| 模糊 | 是 | 否 | 是 |

最后，结论是模糊性是语言本身所固有的特征，不能在语境中消除。相反，含糊、概括和歧义可由语境来解除。这说明含糊、概括、歧

义与模糊性比较，后者的普遍性和重要性要突出得多。另外，模糊、概括和含糊现象是符合格里斯的语言运用合作原则的。换言之，它们不是一种"不规则"现象，在语言交际中有着重要的作用。另外，一些非语言学因素（例如，人们的主观判断和推理）与模糊性有比较紧密的联系。由此，在讨论语言模糊性时，仅从语言学角度考察可能还不够，心理和认知等角度的讨论会使问题探讨的更深入一些。这也就是说，语义学、语用学和心理学等有关学科交叉和联合的探讨可使语义的研究更全面、更有收获。

# 第四章 模糊语义的特点

在这章中，我们将从自然语言的角度讨论模糊语义的三大主要特点：不确定性、确定性和变异性。模糊语义的界限不是确定和凝集的，而是模糊和延续的，这就是模糊语义的不确定性特点。同时，模糊语义又具有相对的确定性以及变异性特点。

## 第一节 不确定性

如上所述，模糊词语的模糊性表现在不确定的外延界限上。举例来说，A 大学 5 月 10 日至 5 月 13 日进行了"期中"考试；B 大学 5 月 5 日至 5 月 7 日进行的也是"期中"考试；C 大学 5 月 20 日至 5 月 23 日的考试又称"期中"考试。那么，这个"期中"到底指从几月几日到几月几日呢？它没有一个确定的语义界限，因此可称之为模糊语义。

再比如，哪些事物和现象是"正常"的，哪些事物和现象是"异常"的？多少棵树，多大生长面积才能称为"森林"？它与"树林"的差别界限带有"亦此亦彼"或"非此非彼"的特点。这又可称为存在着一个"模糊区间"，二者的差异在这个区间内界限不清，无法一刀切。试图分出它们各自的精确界限，则有"抽刀断水"之感。

模糊语义的不确定性可以从词典的释义中观察出来。例如，"中年"，《现代汉语词典》（第 1628 页）释义为"四五十岁的年纪"。《朗曼英语词典》（第 928 页）对"中年"的解释是"大约40—60 岁"。《法语词典》（1976）认为"中年"是"大约四十岁"。《日语词典》（1955）则认为"中年"是"青年与老年之间的年龄，即四十岁前后，精力旺盛的年代"。《俄语词典》（1939）给"中年"的解释是"已经不年轻了，带有近似老年人的特征"。由此可以看出，"中年"的释义不论是在汉语词典，还是在英语、法语、日语、俄语等其他语言的词典中都具有一定的模糊性。与"中年"情况相似的还有"黎明"、"昏暗"、"鹅黄"，等等，这里就不再一一列举了。

下面，简要地分析一下相反关系和相关关系的模糊语义的不确定性。首先谈相反关系的模糊语义的不确定性。例如，"石涛的感情冷冷热热，骨头软软硬硬，待人真真假假，浑身香香臭臭。"（王亚平，1980）一句中的"冷"—"热"、"软"—"硬"、"真"—"假"、"香"—"臭"之间的语义界限不是泾渭分明的。它们通常显示出这样的特点，正、反两项之间可以插入中项。例如，"大"—"小"之间可以插入"中"，这中项就显示了相反关系的语义界限之间存在着"模糊区间"。换句话说，此中项体现了模糊语义界限"亦此亦彼"的不确定性。

表示这种相反关系模糊语义的词语，大都带有形容词性。我大略统计了《普通话三千常用词表（初稿）》（吴之翰，1966）中的 140 个单音形容词，表示相反关系模糊语义的有 84 个，占 60%。列举如下：

| | | | | | |
|---|---|---|---|---|---|
| 大—小 | 高—低 | 长—短 | 粗—细 | 远—近 | 宽—窄 |
| 厚—薄 | 深—浅 | 干—湿 | 满—空 | 亮—暗 | 强—弱 |
| 重—轻 | 浓—淡 | 稠—稀 | 硬—软 | 黏—滑 | 多—少 |
| 紧—松 | 净—脏 | 早—晚 | 快—慢 | 生—熟 | 新—旧 |
| 贵—贱 | 热—冷 | 响—静 | 胖—瘦 | 美—丑 | 老—嫩 |
| 好—坏 | 巧—笨 | 忙—闲 | 饱—饿 | 慌—稳 | 白—黑 |
| 甜—苦 | 香—臭 | 正—偏 | 弯—直 | 真—假 | 对—错 |

除此之外，也有许多双音节形容词性的词语表示相反关系的模糊语义。列举如下：

| | | | |
|---|---|---|---|
| 伟大—渺小 | 高尚—卑鄙 | 美好—丑恶 | 光明—黑暗 |
| 愉快—苦恼 | 谦虚—骄傲 | 快乐—痛苦 | 干净—污浊 |
| 公开—秘密 | 勇敢—怯懦 | 诚实—虚伪 | 健壮—衰弱 |
| 光荣—耻辱 | 迅速—缓慢 | 完整—残缺 | 单纯—复杂 |
| 深刻—肤浅 | 和善—凶恶 | 坚强—脆弱 | 热闹—清静 |
| 大方—小气 | | | |

当然，表示相反关系的模糊词语也可能属于其他词性。例如，"爱"—"恨"、"喜欢"—"厌恶"属于动词性；"丰年"—"歉年"、

"热天" — "冷天" 属于名词性。

其次，谈谈相关关系模糊语义的不确定性。相关的模糊语义的不确定性体现在，词语所表示的语义界限好像是一串连接着的水珠，无法轻易断开。例如，表示与"年纪"相关的模糊语义的词语有"童年"、"少年"、"青年"、"中年"、"老年"等。表示与"时间"相关的模糊语义的词语有"早晨"、"上午"、"中午"、"下午"、"傍晚"、"上半夜"、"午夜"、"下半夜"等①。以上这两组表示相关的词语的语义界限都是不确定的。一组词语中，某一词语语义界限的不确定直接影响到与它相邻的词语语义界限的不确定。例如，与"中篇小说"相邻的词语——"长篇小说"、"短篇小说"——没有确定的语义界限，因此，"中篇小说"的语义界限也就无法确定。反过来，由于"中篇小说"语义界限的不确定，也就使与之相邻的词语的语义界限无法确定。由此可见，相关模糊词语的不确定性往往呈现互为因果的关系。

## 第二节  确定性

模糊语义的不确定性主要表现在语义的边缘成分上，其中心部分基本上是确定的。例如，假定以 3 月 1 日至 7 月 31 日为一个学期，那么，"期中"所表示的语义的中心成分是确定的，即 5 月 15 日和 5 月 16 日；但是离中心成分远一些的边缘成分（如 4 月 10 日，6 月 21 日等）是否属于"期中"则是不确定的，即是模糊的。关于这个问题，上文已经讨论过了，这里不再赘述。

进一步说，不但模糊语义的中心部分可以确定，而且边缘成分也可以局部确定。假设把语义界限的一边，称为上限，把语义界限的另一边称为下限。那么，"年终"的上限（12 月 31 日）则是确定的；而"年初"的下限（1 月 1 日）也是确定的。据此，将模糊语义分成 A，B，C 三种类型，见图 4.2.1（见下页）所示。

由上可知：模糊语义中心成分的确定和边缘成分的部分确定显示了

---

① 相关关系的模糊语义中也可能包含相反关系的模糊语义，诸如"少年"—"老年"、"长篇小说"—"短篇小说"、"上午"—"下午"等词语表示的就是相反关系的模糊词义。

它具有相对的确定性。

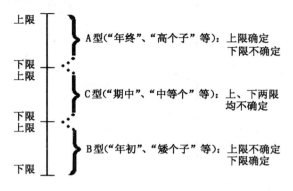

**图 4.2.1**

（图中虚线部分表示"模糊区间"，下同）

# 第三节　变异性

本节讨论模糊语义不确定成分的自身变化和模糊与精确语义之间相互转化等问题。

### 一　模糊语义不确定成分的自身变化

模糊语义界限的这种变化往往是在一定条件下发生的，诸如不同的时间、地点等。下面分别讨论一下图 4.2.1 中 A、B、C 三种类型的变化。

A 型：这类模糊语义的上限有精确界限，只有模糊下限发生变化。例如，"热"的上限通常以最热的天气的温度为准，这可视为精确的。然而，"热"的下限则无此类精确的界限。它在新西兰的模糊下限与在香港的模糊下限是不大相同的。因为香港的气温普遍高于新西兰，所以在新西兰算是"热"的气温，在香港可以不算是"热"的气温。图示如下：（带"～"者表示具有一定的模糊性，下同）

图 4.3.1 中的 $C$ 代表"热"的精确上限。$\underset{\sim}{X}$代表"热"在新西兰地区的模糊下限；$X_1$ 表示在香港的模糊下限。$\underset{\sim}{X}$ 与 $\underset{\sim}{X_1}$ 显然是不同的，$\underset{\sim}{X}$ 所表示的温度要比 $\underset{\sim}{X_1}$ 的低一些。

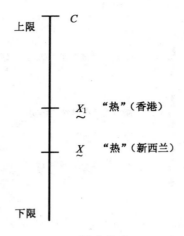

**图 4.3.1**

B 型：这类模糊语义的下限有精确界限，只有模糊上限发生变化。例如，"矮个子"的下限可以世界上最矮的人的高度为准，而它的上限却相对模糊多了。"矮个子"模糊上限对男子和女子来说就有所不同。就一般情况看，男子要比女子高一些。因此，就男子来说算是"矮个子"的高度，对女子可能就不算为"矮个子"。而不论是男子还是女子，"矮个子"都是以世界上最矮的人为精确下限的。如图 4.3.2 所示（见下页）。

图 4.3.2 中，代表女子"矮个子"的模糊上限的 $X_1$ 与代表男子"矮个子"的模糊上限的 $X$ 是不同的。$X$ 所表示的高度一般要高于 $X_1$。

C 型：这类模糊语义的上、下两限均是不确定的。它的变化可分以下两种：

$C_1$ 型：模糊上、下两限只有一端发生变化

这种变化是在模糊语义的上、下两限都没有精确界限的前提下发生的。这与 A、B 两型有一精确界限为前提的变化略有不同。例如，"周末"的上、下两限都是模糊的，即到底从什么时间起到什么时间止是"周末"没有一个确切的界限。通常，它的模糊下限基本不变，而模糊上限则随不同的语境而发生相应的变化。举个例子，中国人和外国人对"周末"的模糊下限的理解基本相同（大致以星期一早晨为准），但对

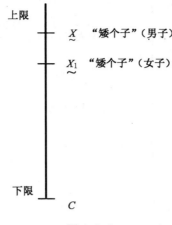

**图 4.3.2**

其模糊上限的理解则不同。外国人习惯将"周末"的模糊上限划至星期五下班时，这与中国人所理解的模糊上限是有差异的，特别是20世纪90年代以前中国人习惯把"周末"的模糊上限划至星期六下班时。换言之，中国人的"周末"是星期日一天，而外国人的是星期六和星期日两天。如图4.3.3所示。

在图4.3.3中，$C$ 表示"傍晚"的基本不变的模糊下限；$X_1$、$X$ 分别代表中国人和外国人所理解的"周末"的模糊上限。由图可见，$X$ 与 $X_1$ 是有一定距离的，$X$ 所表示的模糊上限比 $X_1$ 的要高一些，即其时段相对长一些。

C₂型：模糊上、下两限同时发生变化

有些词语所表示的模糊语义，在一定条件下，模糊上、下两限是同时发生变化的。例如，"黑天"的模糊界限可随着冬季与夏季的更替而变化。一般说来，冬季夜长昼短；而夏季则相反。因此，"黑天"的模糊时段在冬季要比在夏季相应延长一些。反过来说，"黑天"的模糊时段在夏季则比在冬季相应缩短一些。图示如下。

图4.3.4中，$X$ 代表"黑天"在冬季的模糊时段，$X_1$ 则表示"黑天"在夏季的模糊时段。从图4.3.4中 $X$ 和 $X_1$ 的比较中可看出，$X$ 所表示的模糊时段比 $X_1$ 的长一些。由此说明，"黑天"的模糊上限和下限同

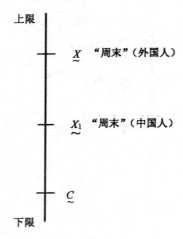

**图 4.3.3**

时发生了延长或缩短的变化。

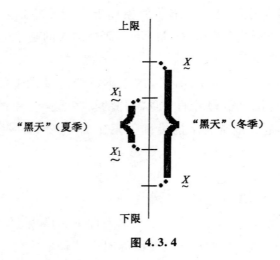

**图 4.3.4**

再比如，"黄昏"的模糊界限也可随着季节的变化而变化。图示如下。

图 4.3.5 中，$X$ 表示"黄昏"在夏季的模糊时段，而 $X_1$ 则代表"黄昏"在冬季的模糊时段。显然，$X$ 与 $X_1$ 模糊时段的长度大致相等，但所指的时刻却不相同。将图 4.3.5 与图 4.3.4 比较可以看出，图 4.3.5 中 $X$ 与 $X_1$ 的变化是平移的，而不是延长或缩短的。

将图 4.3.4、图 4.3.5 与图 4.3.1、图 4.3.2 比较可以得知，前者所表示的模糊语义没有后者所表示的模糊语义的明确界限 $C$，因为前者所表示的模糊语义的上、下两限都是模糊且同时发生变化的。图 4.3.3 所表示的模糊语义虽然有一上限或下限不发生变化，但它仍然是模糊的，因此记作 $\underset{\sim}{C}$。

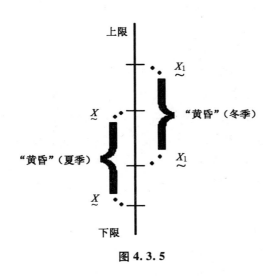

**图 4.3.5**

综上所述，模糊语义的不确定成分本身的变化可分为：

A 型：语义的上限确定，下限变化。

B 型：语义的下限确定，上限变化。

C 型：

$$
\text{语义的上、下两限}\atop\text{都不确定}
\left\{
\begin{array}{l}
\text{上限或下限发生变化} \\
\text{上限或下限同时变化}\left\{\begin{array}{l}\text{延缩式}\\ \text{平移式}\end{array}\right.
\end{array}
\right.
$$

## 二  模糊语义与精确语义之间的互相转化

模糊语义与精确语义在一定条件下是可以互相转化的。例如，"红"通常表示的是模糊语义，但当它与"卫兵"搭配后，"红卫兵"的语义界限则相对精确了。反之也是如此，例如，"血压高"在一般情况下的语义界限是模糊的，可作为科学术语，"血压高"就有精确的语义界限了。那么，模糊语义与精确语义之间的转化通常是在什么条件下进行的呢？

第一，语义感染。有些词语与其他词语搭配之后，由于语义感染的作用，其语义界限则有可能发生某种变化。例如："儿童"和"大人"所表示的语义界限通常是不确定的。当二者分别与"票"结合后，其语义界限则相对精确了，这是因为"儿童票"和"大人票"的价钱是确切的。这种转化是由于"儿童"、"大人"的模糊语义受了"票"（价）精确语义的感染所致。"热"，"冷"分别同"饮"或"加工"等结合后，变成"热饮"、"冷饮"、"热加工"、"冷加工"的情况也大致同此。再如，"纯金戒指"和"银戒指"之间的界限是确定的。然而，当"戒指"与"粗"搭配时，受"粗"模糊语义的感染，其语义界限相对模糊起来；即"粗戒指"和"细戒指"之间的界限是不确定的。诸如此类的有：男子—勇敢的男子；天气—坏天气等等。有的由于语义感染的作用，语义界限可以精确—模糊反复变化。如，天气（精确）—好天气（模糊）—最好的天气（精确）；男子（精确）—高男子（模糊）—最高的男子（精确）。

第二，硬性规定。有些词语语义界限的变化是在由于某种需要而作出硬性规定这一条件下实现的。例如，为给出一个较为明确的规定，我告诉学生"经常到堂上课"的确切意思是80%的出勤率。再比如，"红"、"橙"、"黄"、"绿"、"青"、"蓝"、"紫"的语义界限，在一般情况下是不大容易辨明的。但在光谱学中，可通过科学仪器的测定，将它们的不确定界限人为地加以规定（杨仲耆，1981）："红"的确定界限为6200—7600（埃）；"橙"为5920—6200（埃）；"黄"为5780—5920（埃）；"绿"为5000—5780（埃）；"青"为4600—5000（埃）；"蓝"为4460—4640（埃）；"紫"为4000—4460（埃）。

必须指出的是，模糊语义界限在特定条件下转化成的这种确定的语义界限，只适用于特定的范围和场合。例如，"经常到堂上课"的语义界限是在我自己的课堂上确定为80%的出勤率的，但它在其他场合中的界限还可能是不确定的，或者有不同的规定。

当然，除了以上两种条件外，还有其他条件。比如，说话时前提条件的不同。假如前提条件是只有两个人，那么"高个子—矮个子"的语义界限是分明的。如果有很多人，那么，"高个子—矮个子"的语义界限则可能是模糊的。再如，特指与虚指条件的不同也决定语义界限的模糊与否。"他碰了我一下"中"一下"是特指，其语义界限精确。而"再等我一下"中"一下"则是虚指，其语义界限模糊。"那个人很有意思"中的"那个"是特指，语义界限精确；"他有点'那个'"中的"那个"是虚指，其语义界限模糊。

以上，讨论了模糊语义的不确定性、确定性、变异性三个特点，这三者是互相影响，互相作用的。其中，不确定性是模糊语义区别于精确语义的主要特征；确定性是与不确定性相对而言的；而变异性则是有条件的。语义的不确定性与确定性都不是固定不变的，它们在一定条件下，会各自向相反方向发生多种变化，从而形成模糊语义的变异性特点。

# 第五章　模糊语义的定量化[①]

　　与自然语言相对的是形式语言，它是一种抽象的语言符号系统。这种形式语言缺乏自然语言及人类思维的灵活性。科学技术的发展要求缩小形式语言与自然语言之间的差距。自然语言形式化的重要问题之一，就是模糊语义的形式化。因此，模糊语义的研究不仅是自然语言的需要，也是形势语言所亟待解决的关键问题。

　　本章将从形式语言的角度分析模糊语义问题。上文我们谈了模糊语义在自然语言中的重要特点。基于模糊语义的特殊性质，它在自然语言的运用中，具有灵活、含蓄等功能。这些功能又是以人类具有灵活性的思维能力为坚实基础的。人脑可以理解模糊语义，使用特有的判断和推理能力进行思维，并得出基本可靠的结论。

　　自然语言中的模糊语义在形式语言中则无用武之地。例如，要计算机来理解和处理模糊语言就比较难。这是因为计算机的电脑不具备人脑的特殊机制，它可以毫不费力地区分成千上万种规则图形，但却认不出遒劲洒脱的手写体；它可以有条不紊地控制宇宙飞船登月，却不能像几个月的孩子那样判断出谁是妈妈。人脑可按"大眼睛"、"高鼻梁"、"瓜子脸"等特征找人，可是让计算机作这件事就困难多了，除非由人事先计算出眼睛，脸盘的长宽比以及鼻长、鼻宽等精确数据。如果其中某一数据稍有变动，计算机就会出现判断错误。如此繁杂的过分精确造成了计算机特有的呆板性。弥补计算机这一缺欠的关键问题之一，就是要使计算机能够理解和使用模糊语义，这就关系到如何使模糊语义定量

---

[①]　本章参考了作者的下列出版物：

　　a. Zhang，G. Q. （1996）. *The Semantics of Fuzzy Quantifiers*. China Wenlian Publishing House, Beijing.

　　b. 张乔（1998）"模糊量词语义的形式处理"。《自然辩证法研究》，第十四卷（增刊）。

　　c. 张乔（1996）"自然语言模糊量词的蕴含问题研讨"。《哲学动态》，增刊。

化的问题。

如上所述，查德的模糊集合论提供了一种有效的方法。本书第一章对模糊集理论的讨论说明，用模糊集合来表现模糊语义是比较合适的。对那些不能用绝对的"属于"或绝对的"不属于"来表示的成分，可在［0，1］区间上取值，即用［0，1］中的实数值表示某些成分在某种程度上属于某语义集合。这样，模糊语义则可通过隶属度方法得到一个定量的描述，基本上可以适应计算机之类只能理解定量的形式语言的要求。下面，对模糊语义的定量化问题进行分析。

## 第一节　形式处理的基础

在这一节中，我们将从两方面来探讨模糊语义定量化的基础问题。

### 一　组合性和变异中的规律性

组合性是指语义表达式是其义项组成部分的函数。语义理论是否合理、全面，取决于它是否能证实组合性的存在。组合性原则的重要性在于语义的构成不是任意的，而是有规可循的。没有组合性意味着语义理论将失去其意义。

模糊量词具有组合性。模糊量词的核心语义成分确保它的隶属函数构成的同一方式。例如，"大约＋n"一般应有一个正态分布的曲线。在各种不同的语境中，这一正态分布曲线可能会变得细高一些，两边截短一些或非对称一些。但是，它不大可能有一个单向上的非正态分布曲线。与其相反，"高"、"很高"、"极高"等同一类型的词语，虽然可能有不同的隶属度值，但它们的语义模型均应为非正态单向上分布，而不可能像"大约＋n"那样有一个正态分布的曲线。

同一类型的词语不但具有同一语义模型，而且还具有相同的推理模型。再以"大约＋n"为例，它的推理模型之一是，有精确数字"n"的命题蕴涵有"大约＋n"的命题。也就是说，"我有二十个学生"蕴涵"我有大约二十个学生"。同理，"高"、"很高"、"极高"等的推理模型是，有较高等级词语的命题蕴涵有较低等级词语的命题。具体说来，"学生的热情极高"蕴涵"学生的热情很高"和"学生的热情高"；

而"学生的热情<u>很高</u>"又蕴涵"学生的热情<u>高</u>"。

　　模糊词语的组合性反映了这样一种规律：同一类型的模糊词对所修饰的成分的作用相同。这也就是说，模糊量词不具备习语性质（idiomatic characteristic）。作为一个习语至少要具有以下两种性质（舍乃尔1983：176）：它的意义不是其义项意义的机械性相加；它的义项不能随意替换。这两个性质均不适用于模糊量词。比如，"大约八十"和"大约八百"中的"大约"均可构成同样的"大约＋n"语义模型。还有，"大约"可以由"近似"、"左右"、"上下"等来替换。在英语中，"about"也可由"approximately"、"around"等来替换。这也就是说，这些词在语义上的差别不大。由此可见，模糊词语不属于习语范畴，而是具有组合性。

　　模糊量词语义的组合性使其语义值变化有一定的规律性。换言之，虽然在不同语境中，某个模糊量词的隶属度值可能会有所不同，但这种变化应该是在一定限度之内的。比如，由于"大约＋n"的统一的语义模型的控制，任何此类词语的隶属度数值不可能不是一个正态分布。以"大约二十"为例，不同的语境或不同的人可能赋予"二十五"对"大约二十"的隶属度以不同的值。但是，在同一语境中"二十五"的隶属度比"三十五"的低这种现象是不应出现的，因为它违背"大约＋n"的语义模型。再比如，"高"、"很高"、"极高"等词语的隶属度在不同的情况下可能不尽相同。但是，在同一语境中某高度对"极高"的隶属度为0.8，可对"很高"为0.3的现象则应该是反常的。根据这类词语的语义模型，某人对"很高"的隶属度应大于他对"极高"的隶属度，而不是小于它。模糊语义的变化有规律性的例子在自然语言中是到处可见的。

　　我们还可从核心——边缘系统的角度来说明模糊量词的模糊性是系统而可定义的。语义的核心成分为模糊量词的解释建立一个标准，边缘成分将据此而选择，也就是说核心成分是划出语义界限的参照标准。隶属函数的制定就是这样一个有规可循的过程，即根据某元素对中心（典型）元素的相似程度来制定它的隶属度。同理，虽然我们可能不知道某一命题在某一具体语境中到底是真还是假，但却知道命题的真值条件，即某一命题在什么条件下会为真/假。例如，"很多人去了商店"的真值条件是"去商店的人数多于平均数"，这一条件可以在抽象意义上被确定。当然，到底多少为"平均数"还要依具体情况而定。

换言之，组合性使模糊量词语义具有内部结构，这可由典型性和隶属函数的关系来反映。典型性是指以某一典型成分选择出与其相似的语义成分的集合，这种过程可由隶属函数形式化。例如，如果"大约八十"的典型成分为80，那么75应没有79的隶属度高，因为75对80的相似度低于79对80的相似度。典型性不仅存在于模糊量词，也存在于其他模糊词语。这一点可由舍乃尔（1994）的研究成果来证明。除了模糊量词以外，她还对模糊量词以外的模糊词语所形成的语义范畴进行了分析，比如，"水果类"（fruit and something like that）。基于实验结果，她得出以下结论：不论是模糊量词还是其他类型的模糊词语都遵循同一原则，即语义范畴的组合和其元素的排列是以某一元素与典型元素的相似度为衡量标准的。

以上所讨论的组合性和规律性说明，某个模糊词的具体语义值不可能绝对相同，没人能够给它一个百分之百的精确推断。这是由模糊语义本身外延不确定的特点所决定。然而，它的变异性却是有规律的，即必须以某一相应的语义模型为准。这是由模糊语义的组合性和规律性所决定的。这种有规律的变异并不影响其组合性，二者相辅相成。模糊语义既有组合性又有变异性，这使它的在自然语言中的特点和功能很独特。

总之，模糊量词的组合性体现在同一语义类型的模糊量词可用同一种方式产生同一种语义模型。虽然隶属函数值可随语境的变化而有所变化，但这种变化局限于一定范围。换言之，虽然有些具体的语义值的确定需要参考语用因素，但模糊量词的语义模型是有系统和可推断的。

## 二　模糊性和形式化

历年来，人们满足于给语义贴标签的现状，而没有给它一个系统而全面的语义描写。模糊性在传统形式语义学中常常被冷落，原因在于它的复杂性以及传统理论对此束手无策的现实性。然而，如果想真实地反映自然语言，精确性只是其中的一方面，模糊性是自然语言的另一重要方面，两者缺一不可。如何在形式语义学中处理好模糊性是能否建立一个完整和有效的形式理论的关键性问题。

　　模糊语义的研究对二元真值条件语义学提出了异议。传统的非真即假的方法是不能正确的反映以模糊词语为代表的复杂的语言现象的。以"有些女人是高个子"为例，"有些"传统上被看做为逻辑存在量词（existential quantifier）。"有些女人是高个子"这一命题的"逻辑必然"是至少有一个女人是高个子；而"逻辑可能"是有些女人不是高个子，有些高个子不是女人。其实，此类命题含有的是自然语言量词，即非逻辑量词。它的语义应由"几个"或"一些"来表示，这比"至少有一个"的经典表示方法容易被接受一些。

　　模糊语义模型所表示的信息比一般传统的语义模型要多很多。在语义研究中引进模糊集理论，可以用数量方法来定义不同类型的模糊词语，表示模糊语义的规律性。在这一章的模糊词语形式语义框架中，语义模型是由带有等级的隶属度和真值来建立的。它反映了自然语言的特性，缩小了自然语言和形式语言之间的差距。

　　总之，模糊语义的组合性，有规律的变异性，核心意义和隶属函数／真值条件之间的可推测性使得对模糊词语所进行的形式语义研究具有可能性和合理性，并为其定量化奠定了基础。不然，建立模糊词语的形式化语义模型是不可思议的。

## 第二节　定量方法

　　明确了模糊语义可用隶属度方法定量描述之后，接着讨论如何制定模糊语义的隶属度这一问题。隶属度制定方法有多种，其中包括权威评定法、群众评定法等等。

　　所谓权威评定法是指模糊语义的隶属度要由比较有权威的人士给予评定。这种方法在现实生活中可以找到实例。例如，要评定"优质"酒，一般是要把有关专家们请来，对参赛的酒进行品尝鉴定，然后得出这些酒对"优质"的符合程度。另外的实例是，在跳水、滑冰、体操等比赛中，对运动员成绩的评分方法。首先由专家们各自对运动员的表演符合"最高水平"的程度打分。比如，程度最高的可得 10 分，次于最高程度的可得 9.8 分或 8.5 分等；然后，综合各位专家对某一运动员的给分，则可得出这一位运动员的表演对"最高水平"的符合程度是多少。这种评分方法与权威评定法比较吻合。

群众评定法与权威评定法相对，是指模糊语义的隶属度可由群众给予评定。它是在一定范围内，对一定数量的合适人选（诸如，有一定的经验，可以提供基本可靠数据的人士）进行调查统计，根据调查结果制定出相应的模糊语义的隶属度。这种方法在实际生活中也可以找到实例。例如，评选"优秀"教师和"百花奖"的"最佳"演员等可由群众来评选。某人所得选票的多少代表了他对"优秀"或"最佳"的符合程度。权威评定法、群众评定法等都是以客观实践为基础，经过综合概括而得出来的，这为系统地、科学地解决模糊语义的隶属度制定问题提供了有效的方法。

下面以"期中"为例，着重分析群众评定法。群众评定法有以下四个要素（汪培庄，1981）：

a. 论域 U（指定为 3 月 1 日—7 月 31 日）；

b. U 中的一个固定成分 $X_0$（某一日期）；

c. U 中的一个运动集合 A（应试者说出的数量区间）；

d. U 中的一个模糊集合 $\underset{\sim}{A}$（代表"期中"）。

例如，要问日期 5 月 9 日（$X_0$）对"期中"（$\underset{\sim}{A}$）的隶属度为多少？我们可以对 50 个（n 个）人进行调查，在所得的 50 个数量区间（A）中，若有 35 个（m 个）数量区间包含 5 月 9 日，那么，5 月 9 日对"期中"的隶属频率就是 $m/n = 35/50 = 0.7$。根据数理统计知识，随着应试人数的增加，这一隶属频率会逐渐趋于稳定，这个定点就是该日期对"期中"的隶属度。

群众评定法的原则是"量体裁衣"，也就是要合理地选择调查对象。例如，不能让外行人来确定"低热"的数量区间，而要由内行人来做这项工作。根据这个原则，要调查"期中"则应以学校为试验地点，因为学校的师生对"期中"的语义比较熟悉，从而有可能提供可靠的数据。在为"期中"的隶属度所做的语言调查中，我们邀请了大连水产学院的105 名师生，他们在考虑"期中"的语义之后，写出它的数量区间，统计数据见附录 I。根据统计数据计算出频率分布表，见附录 II。根据频数分布表做出适合于应试者所刻画的"期中"的隶属度表达式如下：

"期中" $= 0.01/4.14 + \cdots + 0.15/4.20 + \cdots + 0.25/4.25 + \cdots +$

$$0.41/4.30 + \cdots + 0.64/5.5 + \cdots + 0.84/5.10 + \cdots +$$
$$0.9/5.14 + \cdots + 1/5.15 + \cdots + 1/5.16 + \cdots +$$
$$0.94/5.17 + \cdots + 0.92/5.20 + \cdots + 0.57/5.25 + \cdots +$$
$$0.41/5.30 + \cdots + 0.17/6.5 + \cdots + 0.13/6.9 + \cdots +$$
$$0.01/6.20$$

其中，5 月 15 日与 5 月 16 日对"期中"的隶属度为 1，这表明全体应试者都认为这两天属于"期中"范围。离这两天远一点的日期，隶属度则相应变小。例如，在 5 月 5 日附近，隶属度为 0.64，这表明有 64%（67 人）的应试者认为它属于"期中"范围。而在 4 月 14 日，6 月 20 日这两个日期附近，隶属度均为 0.01，这表明只有 1%（1 人）的应试者认为它们属于"期中"范围。隶属度为 1 的日期可以作为"期中"的中心成分；离中心成分越远，隶属度也越小。这比较真实地反映了自然语言中模糊语义的特点，同时也说明了隶属度方法具有一定的客观意义。需要提到的是，由于调查人数有限等原因，这里得出的"期中"隶属度是有一定局限性的；但列出的"期中"隶属度表达式足以说明问题。

隶属度方法不仅可解决形式语言问题，也有利于通过形式抽象进一步加深对自然语言中模糊语义的认识。例如，"期中"的隶属度表达式显示其不确定界限的特点，并将各日期属于"期中"的程度给予数量描述。这简明且客观地说明了模糊语义的边缘成分没有绝对的是（属于）、非（不属于）之分，而只有属于程度的高低之别。这还表明，在自然语言中通常不可能，也不必要给模糊语义划出强求一律，固定不变的确定界限。可见，从自然语言与形式语言两个角度对模糊语义进行的研究是互相联系，互相促进的。

模糊集理论对模糊语义的处理比较切合自然语言的实际情况。正如史密森（Smithson 1987：1）评论的那样，如同许多感觉自然的概念一样，模糊集概念并不复杂。模糊集合允许集合隶属度的渐循过程和不确定边缘界限，这种定义与人们的思维和语言的实际情况很相像。麦考利（McCawley 1981：380）也有同样的感受，他认为模糊集的等级真值为不确定概念提供了一种恰当的处理方法。0 与 1 之间的中间值不强迫人们在集合元素和非集合元素之间勉强划界。除模糊集理论以外，其他理论，比如连接理论（connectionist，多兰 Dolan，1989；夏凯 Sharkey，1990），也正在为处理模糊性开辟新的境地。

下一节我们将以模糊量词为例，深入地剖析一下模糊语义形式化的具体处理方法。

## 第三节　模糊量词语义的形式处理

模糊量词是指语义界限不确定的量词。比如，"大约二十人"，到底 29 是否属于其适用界限不是很清楚。本节讨论的焦点是模糊量词语义形式化的具体步骤和方法。

模糊量词（NP）由限定词（D）和表达式（N）两部分组成。比如，"许多（限定词）学生（表达式）"、"二十多位（限定词）老师（表达式）"。就限定词本身来讲，"许多"之类为简单式限定词；而"二十多位"之类为复合式。复合式又包括前/后限定词（如"多"）和数量（如"二十位"）两部分。模糊量词可分为三大类：

（1）"许多学生"、"有些学生"、"大部分学生"等

（2）"二十个学生左右"、"二十多个学生"、"将近二十个学生"等

（3）"多于二十个学生"、"少于二十个学生"等

$$(5.3.1)$$

第一类的模糊量词不包含数字。第三类被称为"准模糊量词"，因为它们语义界限的一端有相对精确性。比如，"多于二十个学生"的下限可以二十为准。

$L_{FQ}$ 表示模糊量词的形式语言，它的符号包括：

（1）常项：a，b，c，...

（2）变项：x，y，z，...

（3）集合表达式：A，B，C，...

（4）谓词：X，Y，Z，...

（5）公式：φ，φ，...

（6）算符：$\subseteq$，$\in$，$=$，$\cup$，$\cap$...

（7）部分下列非逻辑限定词：许多、大约 n、多于 n 等　　（5.3.2）

## 一　句法构成规则

句法构成规则定义的是模糊量词和模糊量化的程序的翻译。这里定义四种 $L_{FQ}$ 中的表达式：集合表达式、限制词、模糊量词（FQ）、公式。

G1　A，B，C 为集合表达式。

G2　若 φ 是公式，且 x 是变项；则 λx［φ］是集合表达式。

G3　若 D 是基本式，则 D 是简单式限定词（AD）。

　　　若 D = 前/后限定词 + 数量词，则 D 是复合式限定词（CD）。

G4　若 D 是限定词（AD 或 CD），且 A 是集合表达式，则 D（A）为 FQ。

G5　若 R 代表与 n 有关的关系式，且 $i_1$，...，$i_n$ 为常项或变项；则 R（$i_1$，...，$i_n$）为公式。同理，若 B 为集合表达式，且 i 为常项或变项；则 B（i）为公式。

G6　若 FQ 是模糊量词，C 是集合表达式；则 FQ（C）是公式。

G7　若 φ，φ 为公式，则 φ∩φ，φ∪φ，⌐ φ∠ φ，φ→φ 均为公式。

$$(5.3.3)$$

（5.3.3）中共有七条句法构成规则。集合表达式由 G1 和 G2 构成。G3 定义的是限定词，其中 ADs 代表的是第一类模糊量词（如"许多"）；CDs 表示第二、三类模糊量词（如"大约二十"和"多于二十"）。G4 构成的是模糊量词，即集合表达式 A 加上限制词 D 就是一个 FQ，或称 D（A）。最后，G5—G7 构成公式，其中 G7 定义的是含有 FQs 的量化命题。

## 二　语义构成规则

语义构成规则是对模糊量词和模糊量化进行形式语义处理时所采用的解释规则。这里要强调的是，任何一个复合表达式的所指均由它的组成部分以递归定义的方式而形成。这就是说，这里的语义构成规则的基础是组合性。

$L_{FQ}$ 的语义模型提供的是一种确定 $L_{FQ}$ 中表达式意义的方法，它对全域 E 中的集合表达式子集进行赋值。下面给出的递归式定义表示 $L_{FQ}$ 中公式的真值条件。某模型中的公式 φ 为真，当且仅当 $|φ|^M = 1$；公式

φ 为假，当且仅当 | φ |$^M$ = 0；否则，φ 的真值在某种程度上为真，当且仅当 | φ |$^M$ = [0，1]，不包含 0 和 1。这里的模糊量词形式语义处理的一个显著特点是其真值不一定非真即假，而可以在真假值之间取某种程度上的值。

设模型 M = 〈E，| |〉，则

S1 任何常项 a，a∈E；任何变项 i，g（i）∈E。

S2 任何集合表达式或谓词，Ą，X，| A |，| X |⊆E。

S3 若 R 代表与 n 有关的关系式，则 | R |⊆$E_1$×...×En。

S4 | D | 指定 A 为 FQ 集上的子集，使得 X⊆FQ↔（A∩X）⊆FQ。

S5 若 R 代表与 n 有关的关系式，则 | R（$i_1$，...，$i_n$）| = 1，当且仅当 < | $i_1$ |，... | $i_n$ | > 完全属于 | R |。否则，| R（$i_1$，...，$i_n$）| ∈ [1，0]，不包括 1。

若 A 是集合表达式，则 | A（i）| = 1，当且仅当 | i | ∈ | A | = 1。

否则，| A（i）| ∈ [1，0]，不包括 1。

S6 若 D 为简单式限定词，且 A 为一集合，则 | D（A）| = | D |（| A |），且 |（Pre/Aft D（Num））（A）| = （| Pre/AftD |（| Num |））（| A |）。Pre/AftD 代表前/后限定词，Num 代表数量词。

S7 若 FQ 是模糊量词，X 是谓词，则 | FQ（X）| = 1，当且仅当 X 完全属于 | FQ |。否则，| FQ（X）| ∈ [1，0]，不包括 1。

S8 若 φ 是公式，则 | ¬φ | = 1，当且仅当 | φ | = 0。否则，| ¬φ | ∈ [1，0]，不包括 1。

S9 若 φ，φ 是公式，则 | φ∧φ | = 1，当且仅当 | φ | = 1，| φ | = 1。否则，| φ∧φ | ∈ [1，0]，不包括 1。

S10 若 φ，φ 是公式，则 | φ∨φ | = 0，当且仅当 | φ | = 0，| φ | = 0。否则，| φ∨φ | ∈ [1，0]，不包括 0。

S11 若 φ，φ 是公式，则 | φ→φ | = 0，当且仅当 | φ | = 1，| φ | = 0。否则，| φ→φ | ∈ [1，0]，不包括 1。

$$(5.3.4)$$

S4 说明所有的模糊量词都是守恒的，即对所有的模糊量词来说，| D |（A）是一集合之集合，X⊆| D |（A）当且仅当（X∩A）⊆

｜D｜（A）。由 S9 至 S11，在处理复合公式时，我们在经典真值条件的基础上引进了不同程度上的真值条件这一概念。因此，不必被强迫去划分任意的、人为的、非真即假的界限。

下面用以上规则分析一个具体的实例。例句："三十多孩子来了。"

图 5.3.1 是一个句法分析树。分析可以由下至上，也可由上至下。如以后者为例，第二层分有两大主要成分：NP + Pred。第三层，NP 本身又有两个成分：CD + N。最后一层，CD 再分为 Num + Aftdet。由下至上的分析也同理，只不过是次序相反罢了。

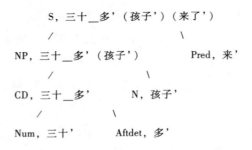

S，三十＿多'（孩子'）（来了'）

NP，三十＿多'（孩子'）　　　　　Pred，来'

CD，三十＿多'　　　　N，孩子'

Num，三十'　　　　Aftdet，多'

**图 5.3.1　"三十多孩子来了"**

### 三　模糊量词

根据以上（5.3.2）、（5.3.3）、（5.3.4）中的规则，模糊量词可定义为，函子 D 对定义域 E 赋予某语境中的模糊二元关系 $D_E AB$。

定义：设 E 为非空（non – empty）定义域，S，A，B ⊆ E，S = A ∩ B；x，y，z ∈ S。设 C 为语境集合，c ∈ C。设［0，m，1］为隶属值集合，1 代表完全属于，0 代表完全不属于，m 代表二者的中间值。由此，FQ 是一个从集合 E 和 C 上的 S 到值域［0，m，1］的函数，其定义如下：对任何 x，y，z ∈ S，c ∈ C 而言，

$$FQ（（E，S）c）（x）= 1 \quad iff \quad x \in N,$$
$$= m \quad iff \quad x \in M,$$
$$\mu_x \geq \mu_y \quad iff | z - x | \leq | z - y |，z \in N,$$
$$= 0 \quad 否则。$$

（5.3.5）

其中，N 代表集合中的典型元素，其隶属度为 1，表示为 $\mu_n = 1$。M 代表集合中的非典型元素，其隶属度小于 1，大于 0，表示为 $\mu_m = [1,0]$。"$\mu_x \geq \mu_y$ iff $|z - x| \leq |z - y|$，$z \in N$" 表示的是某元素离典型元素 z 越近，其隶属程度就越高。

以"二十人左右"为例，若十八至二十二是典型元素，则

$$
\begin{aligned}
\text{二十人左右}((E, S) c)(x) &= 1 \quad \text{iff} \quad x \in 18{-}22, \\
&= m \quad \text{iff} \quad x \in 15{-}17 \text{ 或 } 23{-}25, \\
\mu_x &\geq \mu_y \quad \text{iff} |20 - x| \leq |20 - y|, \\
&= 0 \quad \text{否则}。
\end{aligned}
$$

$$(5.3.6)$$

（5.3.5）适用于（5.3.1）中所有的模糊量词。重要的是（5.3.5）显示了模糊量词的组合性和变异中的规律性，即由"$\mu_x \geq \mu_y$ iff $|z - x| \leq |z - y|$，$z \in N$"表示的某元素离典型元素越近，其隶属程度就越高的规律。

另外，（5.3.5）中的 N，M 等均为变量，它们的值应取决于特定的语境，也会因人而异。这是由模糊量词的模糊特性所决定的。举例来说，第一类的"许多"之类，确定其典型元素的难度较大，它与语境有很大关系。第二类的模糊量词，确定其典型元素的难度相对小一些。比如，"大约二十"的典型元素大多以二十为准；"二十多"则多以二十一为准；"将近二十"又多以十九为准。第三类也比较容易。比如，"多于二十"以二十一为准；"少于二十"以十九为准。应该指出的是，模糊量词的这种变异性并不是任意的，而是有其规律的。比如，硬说"大约二十"的典型元素不以二十为准，而以三千为中心是很难被接受的。

## 四 模糊量化

模糊量化是含有模糊量词的命题，它的特性和模糊量词相似——变异中有规律。它的形式处理可由以下公式来完成。

设 E 为非空（non-empty）定义域，A，X，P $\subseteq$ E，C 为语境集合，$c \in C$。模糊量化（FQ）是一个从集合 E 和 C 上的子集合 A，X，P 到真值域 [0，m，1] 的函数。其定义如下：对任何 A，X，P $\subseteq$ E，$c \in C$ 而言，

$$FQ\ (<A,\ X>c)\quad =1\quad iff\quad A\cap X=Pc,$$
$$=m\quad iff\quad A\cap X=Pp,$$
$$=0\quad 否则。$$

（5.3.7）

这里，Pc 代表典型元素，其真值为 1；Pp 代表非典型元素，其真值小于 1，但大于 0。< A，X > 是一序对，代表有序的量化。换言之，A 决定典型元素，而不是 X。A 和 X 的位置不能随意调换，因为这种调换会影响真值。比如，让 A 代表"教师"，X 代表"高个子"。那么，"很多教师是高个子"的真值为真并不保证"很多高个子是教师"也为真。由此可见，A 和 X 的位置是至关重要的。

下面以"二十人左右是女士"为例来说明（5.3.7），设十八至二十二是典型元素，则

$$二十人左右\ (<A,\ X>c)\quad =1\quad iff\quad A\cap X=18\text{—}22,$$
$$=m\quad iff\quad A\cap X=15\text{—}17\ 或\ 23\text{—}25,$$
$$=0\quad 否则。$$

（5.3.8）

其中，A 由 $\{x|$ 人（x）$\}$ 来定义；X 则由 $\{y|$ 女士（y）$\}$ 来定义。同理，这里的规律是离中心成分越近，真值的程度就越高。

虽然传统的非白即黑的理论对处理模糊性束手无策，但模糊集理论却为我们提供了处理方法。本节的讨论说明模糊量词的语义是可以形式化的。模糊量词可作为一个算符，作用于模糊集合，将其元素按其离典型元素的远近程度制定出相应的隶属度或真值。

本节的形式处理基于模糊量词的组合性和变异中的规律性。同时，某模糊集合或命题的具体值的制定又是一个语用问题。这就与传统方法不同，传统方法认为要么完全有规律，要么完全无规律。这里却说明模糊量词的语义和模糊量化的基本模型是有规律的，可其具体赋值具有一定程度的变异性，重要的是这种变异性又是遵循一定规律的。所有这些体现的是模糊量词语义的特殊性。

## 第四节　条件变化对模糊语义定量化的作用

模糊语义隶属度的制定不可能在真空中进行，它往往要受一定条件

的影响。讨论清楚各种条件变化的作用，可以促使模糊语义隶属度的制定趋于完善和全面。

### 一　时间条件

隶属度的制定与时间条件变化有关。以美国托福（TOEFL）英语考试的"高分"为例，早在十年前，570 分左右大概就可算是"高分"了。随着时间的推移，考生的成绩一年比一年好。现在，没有 600 分以上的成绩不能算是"高分"。如下图所示：

**表 5.4.1**　　　　　　　　　　托福"高分"

| 年份 | 1985 | 1990 | 1995 | 2000 |
|------|------|------|------|------|
| 中心成分 | 560 | 580 | 600 | 620 |

如果要制定"高分"在不同时期的隶属度，一般要考虑时间条件的作用。比如，制定 1985 年托福"高分"的隶属度，则应以 560 分为中心成分；而在 1995 年前后，要以 600 分为中心成分。由表 5.4.1 作出"高分"在不同时期的隶属函数曲线（见图 5.4.1）。

由图可知，随着时间的推移，"高分"的模糊界限不断变化，这说明了时间条件对隶属度制定的影响。

### 二　地点条件

模糊语义隶属度的制定与地点条件的关系也比较密切。例如，要制定"热"的隶属度，要考虑同一温度在新西兰的达尼丁（Dunedin）市与在南非对"热"的不同隶属程度。零上 25 摄氏度左右，在达尼丁来讲，对"热"的隶属程度算是比较高的；可在南非，其隶属程度则比较低。不考虑到这一点，就不可能对"热"相对于这两个地区的不同隶属度作出客观的反映。

再比如，要制定"期中"的隶属度，必须考虑新西兰和中国的不同的学期制度。新西兰大学的学期多数从 2 月开始到 11 月结止；而中国一般是从 9 月至 7 月。那么，虽然 6 月在新西兰可称之为"期中"，但在中国却不尽如此。如图（5.4.2）所示。

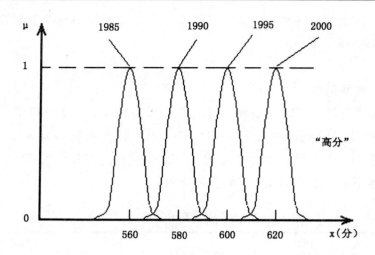

**图 5.4.1　托福"高分"**

（x 表示论域，μ 表示隶属度，下同）

　　由图可见，表示中国和新西兰"期中"的隶属函数曲线有一定差异。由于地点的不同，"期中"的中心成分要随之变化。因此，在制定隶属度过程中，应该对地点条件有所考虑。

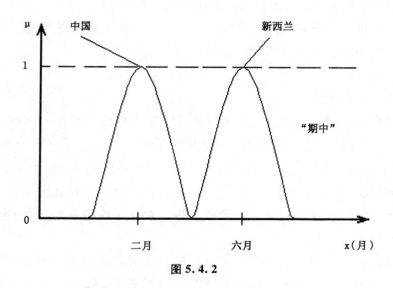

**图 5.4.2**

## 三　对象条件

　　模糊语义隶属度的制定还要受对象条件的影响。例如，汉语水平

"很不错"，对中国人和学汉语的外国人这两种不同的对象来说，它的隶属度的制定是应该有所不同的。用来衡量中国人的汉语水平"很不错"的标准一般要比衡量学汉语的外国人的标准高很多。换言之，由于对象条件的变化，"很不错"的隶属度也将随之变化。如图（5.4.3）所示。

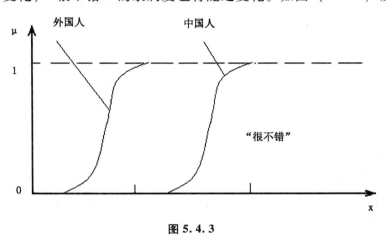

**图 5.4.3**

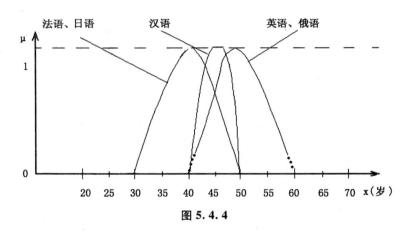

**图 5.4.4**

图 5.4.3 中，相对于中国人和外国人这两种不同的对象，"很不错"的隶属函数曲线是不同的。因此，在制定模糊语义隶属度的过程中，也要适当地注意对象条件变化的影响。

另外，还有其他条件，诸如国别、年龄、语言、民族等，与隶属度的制定也有一定关系。例如，"中年"隶属度的制定，可以根据各种不同的语言对此所下的定义（参照本书第四章第一节），画出"中年"的隶属函数曲线（见图 5.4.4）。

图 5.4.4 中，法语、日语的"中年"的隶属函数曲线是"四十岁左右"，汉语是"四五十岁"，英语和俄语则为"大约四十至六十岁"（图 5.4.4 中用虚线表示）。可见，不同语言这一条件在隶属度制定中也是不可忽视的。

上面分别谈了几种条件变化对模糊语义隶属度制定的影响。必须指出，要想制定出比较符合实际的隶属度，不能只考虑一种条件变化，而应尽可能地把各种条件变化综合起来考虑。比如，要制定"高个子"在中国的隶属度，不仅要考虑对象条件（如：男性还是女性；篮球运动员还是一般人），还要考虑地点条件（如：北方地区还是南方地区），等等。具体说来，男性普遍比女性高，篮球运动员普遍比一般人高；北方地区的人又普遍比南方地区的人高。再进一步分析，北方的男性普遍比南方的男性高；北方的女性又普遍比南方的女性高。据此，我们编制出下表：

**表 5.4.2**                **"高个子"**

| | 1.60 米 | 1.65 米 | 1.68 米 | 1.75 米 | 1.78 米 | 1.83 米 |
|---|---|---|---|---|---|---|
| 南方女性 | 0.6 | 1 | 1 | 1 | 1 | 1 |
| 北方女性 | 0.4 | 0.6 | 1 | 1 | 1 | 1 |
| 南方男性 | 0.2 | 0.4 | 0.6 | 1 | 1 | 1 |
| 北方男性 | 0 | 0.2 | 0.4 | 0.6 | 1 | 1 |
| 女性篮运 | 0 | 0.2 | 0.4 | 0.6 | 1 | 1 |
| 男性篮运 | 0 | 0 | 0.2 | 0.4 | 0.6 | 1 |

由表 5.4.2 可以看出，"高个子"的中心成分对北方男性来说是 1.78 米，而对北方女性来说则是 1.68 米，相应降低 0.1 米；对南方男性来说，是 1.75 米，比北方男性降低 0.03 米；对男性篮球运动员来说，是 1.83 米，又比北方男性高出 0.05 米；而对女性篮球运动员来说，虽然比男性篮球运动员低 0.05 米，但却与北方男性"高个子"的中心成分相等，这是为篮球运动员的特殊要求所决定的。在表 5.4.2 中，1.75 米的高度，对北方女性，南方男性和女性来说，隶属度都是 1，即完全属于"高个子"；对北方男性和女性篮球运动员来说，隶属度

都是 0.6，即不完全属于"高个子"；而对男性篮球运动员来说，隶属度则为 0.4，即属于"高个子"的程度不高。

根据表 5.4.2，画出在各种不同条件下"高个子"的隶属函数曲线，图 5.4.5 所示：

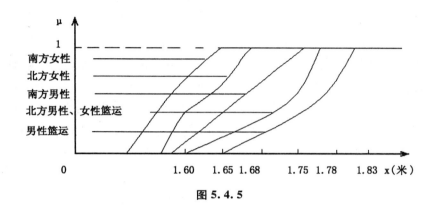

图 5.4.5

图 5.4.5 中的五条隶属函数曲线的差异清楚地表明，由于各种条件的变化，"高个子"的隶属度随着发生了不同程度的变化。进一步分析，影响"高个子"的隶属度制定的条件还不止这些，时间条件、国别条件等都会给"高个子"隶属度的制定带来一定的影响。由于模糊语义的隶属度和各种条件的关系错综复杂，只用简单、孤立的方法制定模糊语义的隶属度是不行的，必须综合地、细致地考虑各种条件的变化，才能制定出比较客观、真实的模糊语义的隶属度。

## 第五节　模糊限制词的作用

如上所述，模糊限制词可以改变模糊语义的隶属度（量的改变）或使精确语义模糊化（质的改变），这里将其作用用形式语言的方式分以下几点讨论：

### 一　模糊语义隶属度的改变

这类模糊限制词通常是从程度上来限制模糊语义的，把模糊语义分成若干模糊等级，在这不同等级上改变模糊语义的隶属度，具有使其发生量变的作用。例如，对"红"所表示的模糊语义，利用模糊限制词可以把它分成以下各种等级："特别红"、"很红"、"挺红"、"红"、"略红"、"微红"，等等，其中各等级之间的界限仍然是模糊的。

人们通常讨论的是"特别"、"很"、"略"、"微"这四个模糊限制词。其实，细细分析语言实况，可以觉察到在"很（红）"与"红"之间还存在着"挺（红）"这一模糊等级，即"挺（红）"介于"很（红）"与"红"之间，与二者有一定程度上的差异。因此，可以在原有的四个模糊限制词中再加上"挺"（也许还可能加上更多）以求详尽地描述客观语言事实。

另外，我们可以将模糊限制词所表示的不同的模糊等级进行定量描述。有关这个问题，人们已经作过较多的讨论（参见列入本书参考文献中查德的有关文章），这里不必多谈。

## 二　精确语义模糊化

这类词语可使精确语义模糊化，也就是具有改变性质的作用。关于这类词语，通常提到的有"大概"、"近似"、"大约"等；除此之外还有"左右"、"上下"、"将近"、"差一点"以及"二十多"的"多"等模糊限制词。根据这些模糊限制词各自的作用，将它们再细分为三类。

1. 精确语义上限的模糊化

例如，"八十"的语义界限是精确的，加上"多"变为"八十多"以后则模糊化了。这个"多"在《现代汉语词典》（第 322 页）中的解释为："（用在数量词后）表示有零头。"由此解释可知："八十多"只是上限模糊，即八十零多少算是"八十多"不确定，而它的下限还是以八十为确定界限的。试用形式表达式来描述"八十多"：

$$\mu\left[\text{八十多}\right](u) = \begin{cases} 0 & , \ u < 80 \\ 1 & , \ 80 \leqslant u \leqslant 85 \\ e^{-\left(\frac{u-85}{2}\right)^2} & , \ u > 85 \end{cases}$$

$$(5.5.1)$$

根据（5.5.1）式，画出"八十多"的隶属函数曲线（见图 5.5.1）如下：

由图 5.5.1 可知，"八十多"的下限以八十为确定界限，上限是模

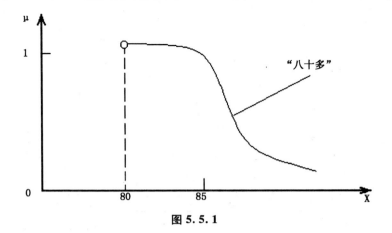

图 5. 5. 1

糊的。

2. 精确语义下限的模糊化

这类模糊限制词有"将近"等。还以"八十"为例，它加上"将近"变为"将近八十"之后，下限模糊化了，即差多少算是"将近八十"不确定；而上限仍可以八十为界限。"将近八十"可用下式表述：

$$\mu\,[\text{将近八十}]\,(u)=\begin{cases} e^{-(\frac{u-78}{2})^2} & ,\ u<78 \\ 1 & ,\ 78\leqslant u\leqslant 80 \\ 0 & ,\ u>80 \end{cases}$$

(5. 5. 2)

根据（5.5.2）式画出"将近八十"的隶属函数曲线（见图5.5.2）如下：

由图5.5.2可见，"将近八十"的上限以八十为确定界限，下限则模糊化了。从图5.5.1和图5.5.2的比较中可知，"多"使"八十"的隶属函数曲线的右半边按指数函数规律变化而趋于零，而"将近"则使"八十"的隶属函数曲线的左半边按指数函数规律变化而趋于零。

3. 模糊语义上、下限同时模糊化

这类模糊化词语有"左右"、"上下"，等等。例如，"八十左右"语义界限的上、下两限都不确定，可用下式来描述它：

$$\mu\,[\text{八十左右}]\,(u)=\begin{cases} e^{-(\frac{u-78}{2})^2} & ,\ u<78 \\ 1 & ,\ 78\leqslant u\leqslant 82 \\ e^{-(\frac{u-82}{2})^2} & ,\ u>82 \end{cases}$$

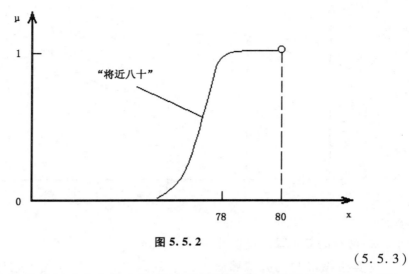

图 5.5.2

$$(5.5.3)$$

根据上式画出"八十左右"的隶属函数曲线（见图 5.5.3）如下：

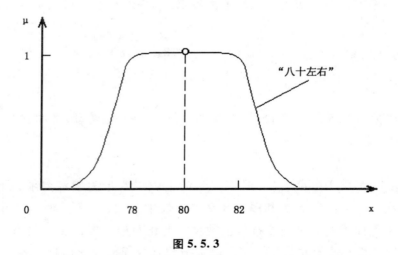

图 5.5.3

由图 5.5.3 可知，"左右"使得"八十"的隶属函数曲线的左半边和右半边同时按不同的指数规律分别趋于零。图 5.5.3 恰好是图 5.5.1 与图 5.5.2 的汇合。

### 三　双重作用的模糊限制词

这类模糊限制词既可以改变模糊语义的隶属度，又可以使精确语义模糊化。例如"八十"前面加上"近似"变成"近似八十"之后，其语义界限则带有模糊性质了。这种情况与上文提到的"八十左右"相似。另外，"近似"也具有改变模糊语义隶属度的作用。例如，"水果类"表达的是模糊语义，它可用下式描述：

$$\mu_{[水果类]}（x）= 1/苹果 + 0.9/西红柿 + 0.8/黄瓜 + 0.7/萝卜 + 0.4/洋葱$$

$$(5.5.4)$$

"土豆"对"水果类"的隶属度为 0.04，故可舍去不计。其中，"苹果"是"水果类"的典型成分；"西红柿"次之；以下各成分渐次之。根据 $\mu_{[近似水果类]}（x）= \left[\mu_{[水果类]}（x）\right]^{1/2}$ 可得出"近似水果类"的隶属度表达式如下：

$$\mu_{[近似水果类]}（x）= 1/苹果 + 0.95/西红柿 + 0.89/黄瓜 + 0.84/萝卜 + 0.63/洋葱 + 0.2/土豆$$

$$(5.5.5)$$

可将"水果类"与"近似水果类"的隶属函数曲线描述见图（5.5.4）。

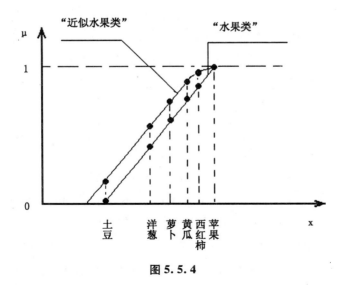

图 5.5.4

比较图 5.5.4 中的两组离散点可以看出，上组"近似水果类"的隶属度略高于或等于下组"水果类"的隶属度，其模糊界限扩加进了"土豆"。由此说明，"近似"提高了"水果类"的隶属度，并扩大了"水果类"的模糊范围。可见，"近似"等模糊限制词既可以从质方面使精确语义模糊化，也可以从量的方面改变模糊语义的隶属度。

计算机储存的模糊限制词越多，其灵活性就越高，处理各种模糊事物，应付各种复杂情况的能力也就越强。自然语言中存在着许多尚待深入探讨的模糊词语，其中包括模糊限制词。

## 第六节    模糊命题的蕴涵

本节旨在探讨命题的蕴涵问题，但是要讨论的不是一般的我们所熟悉的传统意义上的命题，而是那些带有模糊量词的命题。此类命题不属于传统逻辑的范畴，研究的深度还远远不够。对这类非传统意义上命题的研究将有助于对命题蕴涵问题的多角度研究，会给我们提出新问题，从而促进我们思考解决问题的办法，进一步完善我们对蕴涵问题的理解。

对于非逻辑性蕴涵问题，广义量词理论（详见第二章4.3节）曾做过很有价值的研究，但是只限于一定的范围。它主要从单调性角度讨论了部分非逻辑量词（例如，"many"、"few"）蕴涵的推理类型和特点，诸如向上单调、向下单调，等等。另外，值得一提的是模糊集理论。此理论对非古典性蕴涵也作了一定的处理，但是处理的结果不十分理想，详见第一章。

### 一    某种程度上的蕴涵

传统意义上的，包含逻辑量词的命题的蕴涵相比之下比较简单："If all friends came, then some friend came"。这里的"all"蕴涵"some"，反过来就不成立。然而，带有模糊量词命题的蕴涵就没这么简单了。比如，"About 20 friends came"和"25 friends came"之间的蕴涵关系就不是绝对的。换句话说，后者不一定百分之百地蕴涵前者，可能只是90%蕴涵前者。Lakoff（1973）提议，如果"→"可用"真"、"假"两者之间的中间值表示的话，那么带有中间值的蕴涵（用 ⊢α 表示）可用下列公式表示：

P ⊢α Q, iff　⊢α P→Q

$$(5.6.1)$$

随之而来的问题包括：带有中间值的有效性（degree of validity）；带有中间值的定理（degree of theoremhood）；以及带有中间值的必然真值（degree of necessary truth）。例如：

a. X 是广东人。

b. X 说广东话。

$$(5.6.2)$$

我们知道不是所有的广东人都会说广东话，但是如果我们知道 X 十有八九是从广东来的，那么我们则可以推测 X 会说广东话的可能性有 80% ~ 90%。因此，虽然 a 不一定 100% 蕴涵 b，但是 80% ~ 90% 的蕴涵亦意味着很大的可能性。

这种中间值也适用于假言推理（modus ponens）：

⊢α P

⊢P→Q

Therefore ⊢α Q

$$(5.6.3)$$

即，如果 P 至少在某种程度（α）上真，且 P→Q；那么 Q 亦至少在某种程度上真。换句话说，P 在 α 程度上蕴涵 Q，当且仅当 | P→Q | 在任何情况下不低于 α。

## 二　模糊量词命题的蕴涵类型 I

以英语为例，< all, almost all, most, many, some, few > 应是一序列，左侧的元素蕴涵其右侧的元素，前提条件是右侧的量词所指的数量小于其左侧的。具体说来，如果 "many" 所指的是 x 数量，"few" 所指的是 y 数量，那么 x 蕴涵 y；即如果 10，那么 2。值得一提的是，以上蕴涵成立的条件是序列的成员是带有肯定意义的。如果将这些成员换为带有否定意义的，那么左侧元素蕴涵右侧元素这一说法就不一定成立了。原因在于左侧的成员所指的数量可能与右侧的相同，甚至少于右侧。比如，"not many" 不一定蕴涵 "not few"。

先来分析一下 "特别（very）"。一般说来，含有 "特别" 的命题蕴涵未含"特别"的。例如，"特别多的学生喜欢学外语"蕴涵"很多学生喜欢学外语"；"特别少的学生喜欢学外语"蕴涵"很少学生喜欢学外语"。这一蕴涵在英语中也同样成立："Very many friends came"蕴涵"Many friends came"。"Very few friends came"蕴涵"Few friends came"。另外，"好（quite）"的蕴涵在英语和汉语中也基本相同。在英语中，"Quite a few friends came"蕴涵"A few friends came"。相反，"A lot of friends came"和"Quite a lot of friends came"的蕴涵关系则不十分明确。在汉语中，"好几个朋友来了"蕴涵"几个朋友来了"。但是，"好多朋友来了"和"很多朋友来了"的蕴涵关系又变得不十分明显了。

　　在这类模糊量词中，有的语义相对确定一些，有的则相对模糊一些。前者多表示一个数字域，而后者则多为一个比例。比如，"几个"所指的一般不应该超过 10 个，基本在 2—8 这个数字域中变化，所以语义相对精确一些。然而，"许多"的所指就模糊多了。它可以指五个，五十个，五百个，五千个，五万个，……这是因为"许多"指的是一个比例。"几个"的语义是比较静止的，受语境影响不太大；可是"许多"的语义则是相对的，语境对它的影响很大。即使在同一类表示比例的模糊量词中，模糊的程度也有所不同。在序列 < （none），few，many，almost all，（all） > 中，"few"和"almost all"相对精确一些。就是说在这一序列中，靠两边的量词比中间的精确一些，这可能是邻近"none"和"all"而受这两个精确词的限制的缘故。"Few"一般不超过 30%，而"almost all"又一般不会低于 70%。可是，"许多"可能是 10%，50%，90%。比如，我们说"许多中国学生学习数学"。这里的"许多"意指相比之下比较多，但不一定必须超过 50%。假设某一个新西兰大学中的数学系一年级班一共有 100 个学生，80 个是新西兰当地人，20 个学生是外国人。这 20 个学生中，有 7 个是中国人。在这种情况下，"许多中国学生学习数学"中的"许多"是强调就非本地学生来说，中国学生学习数学的人数比较多。但就全体学生的总数（100）来讲，中国学生只占 7%。英语中的"many"也同样如此，"many"不一定意指"more than half"，这可以用（5.6.4）来体现：

　　a. most′（NP′） = ｛X ⊆ A｜X ∩ NP′｜ > ｜NP′ ∩ （A − X）｜｝

　　b. more __ than __ half′（NP′） = ｛X ⊆ A｜X ∩ NP′｜ > ｜NP′

∩ ( A – X ) | }

　　c. ＊many′（NP′）＝ { X ⊆ A | X ∩ NP′ | > | NP′ ∩ （A – X） | }

$$(5.6.4)$$

　　在（5.6.4）中，a 和 b 的真值是相等的，但 c 却不一定成立。当然，从语义理解方面讲，我们可能会感觉"Most friends came"中的"most"所指的数字应该比"More than half of friends came"中的"more than half"的要大一些。这也就是说，a 和 b 虽然在真值意义上相等，但是在语义意义上并不相等。举个例子，如果一共有 100 位朋友，其中的 52 位来了。那么就真值来说，a 和 b 都可以体现这一信息。但是从语用角度看，b 比 a 更适当一些（Cann，1993）。这里涉及的是合作原则（cooperative principles）问题（Grice，1975），即语言的表达越适当越好。

### 三　模糊量词命题的蕴涵类型 II

　　这类命题的蕴涵规则是（Lakoff，1973）：含有非模糊量词的命题蕴涵与其相等的但包含模糊量词的命题。比如，"二十位朋友来了"蕴涵"大约二十位朋友来了"。这可表现为：如果 P 含有非模糊量词，Q 含有模糊量词，那么 P→Q。

上式成立的条件是"about n"，"n – odd"，"more than n"等中的 n 必须包含在其语义界限之内，否则，上式不成立。比如，如果"大约二十"包含"二十"，那么"二十位朋友来了"蕴涵"大约二十位朋友来了"。相反，"将近二十"和"不到二十"都不包含二十在内，那么"二十位朋友来了"即不蕴涵"将近二十位朋友来了"，也不蕴涵"不到二十位朋友来了"。这说明如果某个模糊量词的语义界限不包括其中的 n，那么上式不成立。

　　"N or m"类型的蕴涵与以上所讨论的有所不同，因为它含有两个数字，而不是一个。这样，"二十位朋友来了"和"三十位朋友来了"均蕴涵"二三十位朋友来了"。

　　另外，如果我们同意凡是 20 或者 20 以上的数字全属于"二十以上"的语义域之内，那么这个语义域之内的所有元素的语义值和真值都应该是相等的了。比如：如果来了五十位朋友，用"二十以上"还是

"三十以上"不论是从真值方面看，还是从语义方面看均没有什么大的区别。这样一来，"二十"和"二十以上"也就没有什么蕴涵好谈的了，这里有的只是等价关系了。换言之，如果"二十以上的朋友"指的是从 20 到无穷大，那么［20，＋∞］中所有的元素都是等价关系，而没有什么蕴涵关系了。当然，这里所说的前提条件又是 n 必须包含在模糊量词的语义中才有等价关系好谈。否则，"二十"和"二十以上"之间不但没有什么蕴涵好谈，而且也没有任何等价关系可讲。这也适应于"少于二十"等其他第三类模糊量词。

### 四  演绎性的还是直觉性的

含有模糊量词的命题与模态陈述句（modal statements）相似，因为二者都可能不具有逻辑真值。比如：

a. 在热闹的春节期间，商店的盈利会多很多。

b. 小王一定是很生气。

c. 很多朋友很开心。

（5.6.5）

a 句为真，当且仅当在某一情况下，人们认为 a 为真。因此，a 是否真取决于在某一情况下，我们大家的综合知识和句子的陈述是否一致。相反，b 为真的条件是其陈述与说者和听者的个人所具有的全体知识一致。当然，和 a 一样，b 不会在任何情况下都是逻辑真，因为小王不可能一生中的每时每刻都很生气。但是，说者知道小王最起码在此时此刻是生气的，因为他的钱包刚被偷了。至于 c 的真值判断，只要我们知道在某一情况下，有一些朋友开心，他们的数目相对来说比较多，那么 c 就可为真了。（5.6.5）中的三个命题的共同特征是它们的非演绎性。接下来，我们讨论一下（5.6.6）中的引自 Cann（1993：263）的例句：

a. The Morning Star is the Planet Venus.

b. The Evening Star is the Morning Star.

c. Therefore, the Evening Star is the Planet Venus.

（5.6.6）

替换定律（Leibniz's Law）保证（5.6.6）的有效性。此定律的内容是如果公式中的某一表达式与替换它的另一表达式在外延上是相等的，那么这个公式的真值仍为真。在（5.6.6）中，所有的三个词项（The Morning Star，The Evening Star 和 the Planet Venus）所指的是同一个体，根据替换定律，它们之间可以互相替换。此定律的形式定义可用（5.6.7）来表示：

$$(m = n) \rightarrow \left[ \Psi \leftrightarrow \Psi^{n/m} \right]$$

$$(5.6.7)$$

即如果 m 和 n 的外延相等，将每个 n 和 m 替换，那么替换前后的真值相等。

然而，（5.6.7）所表示的替换定律对含有模糊量词的命题并不十分适用。比如：

a. 许多朋友是中国人。

b. 许多中国人很友好。

c. 所以，许多朋友很友好。

$$(5.6.8)$$

因为（5.6.8）中的两个集合，"许多朋友"和"许多中国人"的外延不一定相等，所以（5.6.8）中的推理不一定站得住脚。当然，如果（5.6.8）中的那两个集合的外延恰好相等，那么（5.6.8）推理则应该成立。换句话说，如果我们可以肯定（5.6.8）中的两个集合的外延相等，那么带有模糊量词的命题也可以用替换原则来推理。但是，问题是我们不能肯定它们的外延是否一致，所以（5.6.8）的有效性就很难判断。

由之而来的是带有模糊量词的命题是否适用于外延公理（axiom of extensionality）。这个公理的内容是，设 S 和 S′ 为任何集合，S 与 S′ 等值，当且仅当任何 x，x 属于 S 当且仅当 x 属于 S′。Tye（1990）对外延公理提出质疑，他认为有些赋值非真非假，或既真又假，这是由一些元素介于 S 和 S′ 集合之间所引起的。即 "真值表" 是非真非假，而（x）Ax 也同样如此。结果是 S = S′ ↔（x）Ax 有一个无穷尽的右侧，同理在模糊命题的情况下，外延公理所得出的也会是一个无穷数。

当然，如果相关命题中的集合外延相等，那么外延公理也可以成立。比如，假设 "许多朋友" 和 "许多中国人" 的外延一致，如果 "许多朋友来了" 为真，那么 "许多中国人来了" 也为真。这就是说，外延公理在一定条件下也适用于模糊命题。但通常情况下，人们对模糊量词的语义外延的理解是不尽相同的，它会随个人和语境的不同而不同。因此，对模糊命题来说，外延公理在绝大多数情况下还是不适用的。

Moxey & Sanford（1993：112）认为类似带有模糊量词的推理允许一些简单的、探试性的推理过程（simple heuristicprocedures）。比如，如果某人想打听某课程的不及格率，被告知说："Many students failed."听到这句话以后，他会想不及格的可能性很大。相反，如果我们把"many"换成"few"，那么他就会想不及格的可能性很小。这种推理的形式是根据所知的可能性来推出一个结论，而且很大程度上是凭直觉的。

带有逻辑量词而又不受语境影响的三段论（所有的 Xs 是 Ys，所有的 Ys 是 Zs，那么所有的 Xs 是 Zs）在演绎形式下成立。然而，三段论却不大适用带有模糊量词的命题推理，除非是其中的表示普通名词的集合的外延相等。这里的问题是真值需要取决于一定的语境，因此模糊命题不允许传统逻辑意义上的三段论的运用，模糊命题的推理也不是演绎性的。有关这方面的讨论，另见 Altham（1971），Johnson – Laird（1983）。

本节的讨论表明，传统的演绎性（deductive）逻辑不能真实地表现模糊命题的蕴涵特征，因为带有模糊量词的命题的真值可以在一定的程度上取真/假值，这与古典的绝对真值有很大的不同。传统逻辑对带有模糊量词的命题的蕴涵的解释和处理都有一定的局限性，而非传统的、直觉性（intuitive）的解释和处理则更易为人们接受、更有效、更实用一些。这除了适应于带有模糊量词命题的蕴涵以外，也应该适用于其他类型的模糊命题的蕴涵。对这方面的探讨的重要性在于真实地反映人类的思维特征。如何处理模糊命题的蕴涵问题是一个具有挑战性的课题，它的解决将有助于语言学、人工智能、认知科学等多方面的进一步发展。

上面第四章和第五章分别从自然语言和形式语言两个角度对模糊语义问题进行了讨论。总之，模糊语义客观存在于自然语言中，它具有不确定性、确定性以及变异性等特点。模糊语义在自然语言中有着特殊的作用，经过定量化处理后，在形式语言中也同样占有重要的地位，它的研究将有助于计算机等向现代化科学水平迈进。

　　从自然语言和形式语言两个方面对模糊语义所进行的研究并不是绝缘的，而是互相作用，互相影响的。自然语言中模糊语义的研究为形式语言提供了处理原型；形式语言中模糊语义的研究则对所提供的原型进行抽象和概括。模糊语义的定量化使我们从形式语言的分析与归纳中更进一步地认识自然语言中模糊语义的本质特点。换句话说，自然语言中模糊语义的研究为形式语言中模糊语义的研究奠定了坚实的基础；形式语言中模糊语义的研究反过来促进自然语言中模糊语义的深入研究。

# 第六章　适用性理论和模糊语义

前几章讨论了模糊语言的形式化问题，接下来我们换个角度来讨论。模糊语言的形式化问题固然重要，但是要想全面地了解模糊语言，我们则不能忽视从其他角度来探讨它，诸如心理和认知等方面。因此，本章将讨论适用性理论和模糊语义的问题，目的在于从心理语言学和认知语言学的角度来探讨模糊语义。

## 第一节　适用性理论简介

适用性理论以司坡伯和威尔森（Sperber and Wilson 1986，1995，1998，2002，Wilson and Sperber 2002）的研究为主导。司坡伯在法国的巴黎从事研究工作，威尔森在英国伦敦的一所大学里任语言学教授。早在 1986 年，他们合著了题为《适用性：交流和认知》（Relevance：Communication and Cognition）这本书，从而为适用性理论的研究和推广奠定了基础。这本书的第二版于 1995 年发行。

什么叫适用性？适用性是指某个输入（input），诸如图像、声音、话语或者记忆，能够对某人产生某种认知效果。比如，此输入可以回答某个问题，增长某人对某个方面的知识，解除某种疑惑，证实某种怀疑，纠正某种错觉，等等（威尔森和司坡伯，2002）。

适用性理论为对人类的表达和交流的研究开辟了新的途径。它的基本思想是人类在认知过程中追求的是以最小的气力得到最佳的认知效果。两者必须同时达到才是理想的认知。只花了最小的气力但没得到最佳的认知效果不行，反之只得到最佳的认知效果但没有花最小的气力也不可取。要达到两者兼顾的目的，在语言交流的时候，说者和听者都需要把注意力集中在和话题有关的信息上。交流的目的是得到对方的注意，这就意味着交流的信息必须是适宜的。用一句话来概括：用于交流的信息必须保证其适用性。这一点司坡伯和威尔森在他们 1986 年第一版的书中称之为"适用性的原则",而在 1995 年第二版的书中则为"第二个适用性的原则或者适用性的交际原则"。

威尔森和司坡伯（2002）将适用性理论定类为认知心理方面的一种理论。它把话语的理解看做一种认知过程。它的两大原则是：适用性的认知原则（cognitive principle of relevance）和适用性的交际原则（communicative principle of relevance）。前者是说人类的认知是为了尽可能地提高信息的适用度（human cognition tends to geared up to the maximization of relevance）。后者是说交流双方均假定所提供的信息应该具有最优的适用性（communicated information conveys a presumption of its own optimal relevance）。

适用性理论主要是围绕着付出（effort）和结果（effect）的关系来做文章的。说白了，它的原则是付出的越少越好，得到的越多越好①。威尔森和司坡伯（2002）认为他们的理论可以通过实验来检验。比如，一个陌生人走过来问你时间。你看了看表，时间是上午 11：58 分。你应该怎么回答陌生人的问题呢？根据格里斯（Grice，1975）的语言交流合作原则（cooperative principle）和四大交流规则（conversational four maxims）②，尤其是他的"说真话"规则，你可能应该说 11：58 分。否则，你可能会违反格里斯的语言交流原则，而被视为"不合作"。但是，根据适用性理论你可能应该说 12：00 点，原因是说个概数会减少听者理解你的话的时间。有人（van der Henst，Carles and Sperber，forthcoming）用这个例子做了个语言实验，看看到底是精确时间还是给个概数对听者来说适用性高一些。适用性的高低以听者的认知效果和语言交流者所花的气力来衡量。实验的结果是，当陌生人在大街上询问时间时，回答人会根据问话人询问时的情态和一些能捕捉到的细微线索来决定是给精确的时间还是就给个概数。

---

①　这和我们平常所说的，"付出的越多，得到的越多"，"没有春天的播种，就没有秋天的收获"，正相反。当然，适用性理论是一种研究人类交流/认知过程和技巧的学问，它和人类的道德原则不能完全等同。

②　一、质量规则：只提供你认为是真实的信息。二、数量规则：提供信息的数量应该是不多也不少，正好合乎语言交流的需要。三、适用性规则：提供的信息要有适用性。四、语言行为的规则：表达要简明清楚，有条理，避免模棱两可。

　　适用性理论的重点是有关对某个人的适用性，但是它缺乏对群体而言的适用性的讨论。对个体而言的适用性和对群体而言的适用性是有可能不尽相同的。比如，某种语言行为对小张来说可能是达到适用性标准了，但是在小王看来则不尽然。如果是这样的话，我们应该算哪个人的好呢？个人意见的不同使这种现象在模糊语言的运用中是经常发生的。比如，"小王有很多女朋友"这句话里的"很多"，你可能认为应该是五个，我可能认为应该是十个。你我双方都认为各自的意见正确。所以，在个体的层次上，人人各自都认为自己的答案是最具有适用性的，是最佳的选择。但是，在群体这个层次上看，就不知道到底应该听取谁的意见了。由此而来，适用性理论也要有一个能解释和处理群体这一层次的适用性方法才行，不然就不能算是一个比较有影响力的和全面的理论。

　　那么，适用性理论和模糊语义的研究有什么关系呢？下面我们就来讨论一下适用性理论能否充分的解释模糊语义这一现象。这就是说，我们要讨论一下在模糊语义使用的过程中，适用性理论是否能令人信服地解释清楚说者是怎么表达，听者又是如何理解说者的意思的。

## 第二节　语义模糊和语用模糊

　　语义模糊和语用模糊的区分可以为讨论适用性理论和模糊语言的研究之间关系奠定一个基础，它可以使我们明确究竟哪种模糊性和目前的讨论有关。因此，这一节中我们先来谈谈语义模糊和语用模糊这个问题。

　　从语义学的角度看，词语的模糊体现在语义适用界限的不确定性。比如，"几个"的语义适用界限会因人而异。随着时间和地点的变化而变化。在"我有几个朋友"这句话中，"几个"可能指三个，也可以是五个。但是有一点要明确的是，"几个"的外延（denotation）虽然模糊，但是它的内涵（sense）却是明确的。我们虽然对它的外延经常不能有一个统一的意见，但是应该都会同意"几个"的内涵是"不多的一个数目"。这就是说，模糊性一般只是体现在词语语义的外延上，而不是它们的内涵。

更确切地说，外延的模糊也只集中在边缘成分上，中心成分一般都是不模糊的。比如，"几个"的中心成分应该是两个或者三个，这并没有什么好争论的。从中心成分逐渐往外扩散，不同的看法才会随着增加。比如，人们对三个属于"几个"并没有什么异议，只是对六个是否属于"几个"才会意见不统一。

人们只是对模糊词语的外延边缘成分有争议这一点通过我的语言实验结果（Zhang，1996）得以证明。比如，参加实验的人都认为 199 是应该属于"接近 200"，而 201 应该属于"200 多"。但是大家对 150 是否属于"接近 200"和 250 是否属于"200 多"就有不同的意见了。正因为模糊词语有不模糊的内涵和外延的中心成分，所以我们运用模糊词语进行交流才不会感觉到有什么太大的困难。

以上的讨论说明一点：语言的模糊性是和词语的外延有关。那么，我们就可以得出下一步的推论，即模糊性和人们如何看待外部世界这一问题关系密切。原因是词语的外延是其内涵在外部世界的所指。比如，"高个子"的外延就是一个属于高个子的集合。外延所指的是客观世界的个体或者状态等，这就意味着它的确定一定和语用学紧密联系在一起。因为客观世界充满了各种各样的语用因素的影响，我们想研究模糊词语，就不可能不考虑语用方面的因素。

语言的模糊性受语言环境的影响很大，词语的模糊语义随着语境（语言学和非语言学的）的变化而变化。下面我们简要地列举几个语用意义上的模糊现象。本书（Zhang，1996）对此有更详细的讨论。

## 一　量度的影响[①]

模糊词语的语义和用什么语义量度（scale effects）有关。比如，"一两个人"和"一两千人"。由于量度下限的影响（floor effect），前者的语义模糊程度就要比后者的低一些。也就是说，人们在考虑"一两个人"的外延时，一般会在 0 和 10 这个量度区域内考虑。可是人们在考虑"一两千个人"的外延时，一般却会在 500 和 2500 这个量度区域内考虑。由于前者的量度下限十分有限，所以"一两个人"的外延下限不

---

① 莫克斯和桑福特（Moxey and Sanford，1993b）曾经讨论过量度对模糊语义的影响。

可能有地方往下伸展太多（不能下去零，因为人数不大可能用负数来计算），这样也就使它的语义模糊度相应低一些。相反，"一两千个人"的下限有足够的空间扩展，因此它的语义模糊程度也相应会高一些。

与量度下限影响相对的是量度上限的影响（ceiling effect）。比如，"绝大多数人"的上限离顶点很近，没有多大的活动空间，由此而来的就是它的语义模糊程度就会相应低一些。反之，"许多人"因为其上限离顶点有不少空间，所以它的语义适用界限就有足够的游动区域，由此它的语义模糊程度就会相应的高一些。

### 二　上下文的影响

模糊词语的语义受语言上下文的影响。具体说来，它们后面所修饰的词语的特性会对模糊语义的理解有一定的作用。比如，"一些蚂蚁"和"一些恐龙"。虽然都是"一些"，但是蚂蚁比恐龙要小得多，因此一般说来我们会认为"一些蚂蚁"的数目多于"一些恐龙"的数目。

再来看一个例子："睡房里有不少人"，"阶梯教室里有不少人"，"广场上有不少人"。这三个句子里的"不少人"的语义会根据"睡房"、"阶梯教室"、"广场"这三个地方的大小的变化而变化。地方越小，人们给"不少人"的数值就会越小。原因很简单，按常理看空间的大小和人们的估数是应该成正比的。一个睡房里有四五个人就可以算是"不少人"，但是在阶梯教室和广场上就很难说为是"不少人"了。

### 三　人们的预料的影响

我们对某种事物或情况的预料也会影响模糊语义的理解。比如，众所周知，广州夏天的温度比较高，但是普通话的水平则一般。因此，人们对广州温度的预料一般来说是会比对其普通话的水平的期望高的。因此，"广州夏天的气温比较高"相对于"广州普通话的水平比较高"，其中"高"的程度相比之下，前者要比后者高一些。

人们的预料对语义的理解有一定的作用这个观点在帕迫和帕瑞图拉克（Pepper & Prytulak，1974）的语言实验中得以证实。他们让参加实验的人给出"经常"（frequently）一个百分比来表示它的频率。实验给出这样的两个语境：一个是"瑞典小姐经常是迷人的"，一个是"经常发生空难"。调查结果是前者的百分比是 70%，而后者的只有 20%。为什么会这样呢？原因之一就是人们对前者的发生频率的期望/预料要比后者高得多。这个因素使得人们给出不同的百分比，预料越高，百分比也就越高。

### 四　文化的影响

文化的不同使得我们对语义的理解的方式也不同。比如，在中国大多数人对离婚还是望而却步。所以，如果我们说"中国有不少人离婚"和"美国有不少人离婚"，两种文化的人对其中"不少人"的理解应该是有差距的。第一个句子中的"不少人"可能会比第二个句子的人数少，因为两个国家的文化不一样，对离婚的理解和态度也不一致。再举一个例子，在中国孩子结婚了以后还和父母住在一起的不乏其人。因此，"一些结婚的孩子还和其父母住在一起"这句话中的"一些"在中国文化的前提下会有高很多的数值。而在别的文化中，比如英国或者新西兰，其数值就相对会低不少。这是因为他们的文化提倡的是成年的孩子要尽可能地独立生活，从而形成了孩子成人以后就离开父母搬出去自己住的习惯。

除了以上所谈到的以外，还有不少因素可能会影响模糊语义的理解（性别，地区和职业等等）。比如，"矮小"语义的理解和性别，地区和职业都有关系。一般说来，女人比男人矮小，南方人比北方人矮小，一般人比服装模特矮小。

总之，模糊语义的内涵和外延的核心部分都是不模糊的，只有到了外延的边缘部分语义才开始模糊起来。这一特点使得模糊语义和语用学的研究紧密联系起来。在这一节中，我们讨论了量度、语言的上下文、人们的预料、文化等对模糊语义的影响，说明了语用因素的确在此起着不可忽视的作用。基于这一点，我们下一步就可以谈谈模糊语义和适用性理论的关系，因为后者的基石之一就是语用学。

## 第三节　适用性理论对模糊语义的解释

司坡伯和威尔森的适用性理论认为适用性的程度可以由最佳的认知

效果和最小的付出来衡量。威尔森和司坡伯（2002）指出，适用性是有一定的模糊性的，并不是黑白分明，没有任何争议的。这就是说，如何判断是否达到了最佳的适用性可能要考虑一个相对的等级问题。

让我们用下边的例子来说明适用性理论对模糊语义的解释。假定小王是一家私人侦探公司的雇员，需要在一个繁忙机场的接机大厅里辨认出一个人。公司给他提供的信息可以是如下三种形式当中的一种：

（1）亚洲人，女性。

（2）日本人，女性，矮个子，比较胖，大约二十岁。

（3）从东京来的日本人，女性，个子一米五七，重量一百一十斤，年龄十九岁零八个月。

（6.3.1）

以上三种形式对小王的任务来说在某种程度上都有适用性，可是哪个更有适用性呢？让我们再细致地分析一下。根据最佳的认知效果和最小的付出这一根本原则。

（a）（2）形容来人是个"日本人"，相对于（1）所提供的"亚洲人"（太笼统）和（3）的"从东京来的日本人"（多余的精确）更可取。

（b）（2）形容来人是个"矮个子"，相对于（1）的什么也没有提供（缺乏信息）和（3）的"一米五七"（多余的精确）更可取。

（c）（2）形容来人"比较胖"，相对于（1）的什么也没有提供（缺乏信息）和（3）的"一百一十斤"（多余的精确）更可取。

（d）（2）形容来人"大约二十岁"，相对于（1）的什么也没提供（缺乏信息）和（3）的"十九岁零八个月"（多余的精确）更可取。

（6.3.2）

通过以上的分析，我们看到（1）因为太笼统而不可取。虽然（1）可能在最小的付出这一方面占优势，但是在最佳的认知效果上则占劣势。再来看看（3），它的情况和（1）相反，通过提供相对精确的信息而在最佳的认知效果上占优势，但是因为它的过分精确而导致在最小的付出这一方面占劣势。所以，两个都不可能达到最佳的认知效果和最小的付出两全其美的要求。只有（2）才能达到两者兼备的标准，因为它用的是模糊语言，即可以提供所需要的不多也不少的信息又可以使小王付出最小的努力和花最少的时间来完成辨认任务。（2）中所用的"矮个子，比较胖，大约二十岁"提供了一个整体信息，不太笼统也不过分精确。其中的模糊词语所提供的信息恰到好处，因为对小王来说（3）所提供的过分的精确数据是没有什么用处的，反而会妨碍取得高效率的交流。小王需要的是诸如（2）所提供的"模糊信息"，他可以据此对来人作出一个粗线条的辨认。这样就可以达到在最短的时间内，用最小的努力来找到他需要找的人。小王对来人到底是一米五七还是一米五八，一百一十斤还是一百一十一斤，十九岁零八个月还是十九岁零九个月并不关心。

　　本文中的模糊语言和司坡伯和威尔森的适用性理论中的"语言的松散使用"（loose use of language）很相似。"语言的松散使用"的意思是人们以不严格的方式使用词语。威尔森和司坡伯（2002）所举的两个例子是，"方脸（square face）"和"无声的房间"（silent room）。他们指出，严格说来，脸不是绝对方的，房间也不是绝对无声的。然而，虽然这些松散用法即不严格也在一定程度上不符合事实，人们仍然日复一日地如此使用。原因可能是因为我们习惯于使用松散性语言，习惯成自然，并不觉得有什么特别了。威尔森和司坡伯指出语言的松散使用带来多项语义解释①。比如："John has a square mind"中使用的松散性词语"square mind"可以有以下的语义解释：

　　（1）约翰的思维方式有点死板。

　　（2）约翰不轻易改变主意。

　　（3）约翰原则性很强。

　　　　　　　　　　　　　　　　　　　　　　　　　　（6.3.3）

　　至于到底应该是哪种解释可能还是要由具体的语境来决定。巴萨罗（Barsalou，1987）也讨论了类似的语言现象。他所举的例子是"I went to the bank today"中的"bank"。它的语义不完全等同于词典上的词条所带有真空性的语义，比较贴切的语义解释应该是在特定语境中的具有语用特性的语义解释。

---

　　① 威尔森和司坡伯在这里似乎把语言的松散使用和多义现象等同起来。必须指出的是模糊语言现象和多义现象是不尽相同的。这一点的详细讨论请参见本人的文章（Zhang，1998）。

　　威尔森和司坡伯（2002）的另一个例子是当一个陌生人在大街上问你时间的时候，如果时间是上午11：58分，你完全可以回答中午12点。原因是这样的回答符合适用性理论的要求，即以最少的理解时间来达到最佳的认知效果。具体说来，那个陌生人大多可能是只想知道一个概数，所以回答中午12点即可以达到最佳的认知效果又用了最少的理解时间。陌生人理解12点所用的时间相对来说应该比理解11：58分所用的时间要短一些。但是，如果陌生人询问时间的地点从大街上改为火车站台或者飞机检票口的话，那精确的时间"11：58"应该是合适的回答。原因是这时的问话人大都可能想知道比较精确的时间，用概数回答可能会达不到最佳认识效果的目的，从而不符合适用性理论的基本原则。

　　如果语境合适的话，人们会觉得带有模糊性的信息可能比非模糊性信息更可取。更值得提到的是，我们甚至会把精确数字当成模糊数字来用。比如，丈夫打电话给妻子："我还有点工作没有干完，今晚得八点才能回家。"妻子那边的理解很可能是个模糊数，所以如果丈夫在八点半左右才回家，妻子也不会觉得太出奇。另外一个例子是在新西兰的一个超市上，小王买了一瓶标价为9.99新元的葡萄酒。回到住处以后，朋友问酒的价钱，小王说十元钱。他的说法也有一定的道理。理由之一是朋友们其实并不会太在乎酒的价钱被说为9.99元还是10元钱，反正很接近就可以了。就此引出第二个原因，即用概数10元会以最小的气力达到最佳的认知效果，就是说符合适用性理论的原则。理由之三是新西兰特有的，这就是新西兰货币中没有一分钱，最小值的硬币是五分钱。因此，如果小王只买了这一瓶葡萄酒，那他实际上的付款还真应该是10元钱。如此说来，他对朋友说酒的价钱是10元就更无可非议了。

　　从以上的例子来看，模糊语言在语言运用中是很有市场的。更重要的是，我们以上的讨论说明适用性理论是可以解释语言运用中的模糊性的。适用性理论认为语言具有一定的松散性可以增加其交流的有效性。

## 第四节　模糊集理论和适用性理论，
## 　　　　数字的和非数字的

　　查德的模糊集理论和威尔森和司坡伯的适用性理论的相同之处是运

用优化方法，即按照一定的标准排列出入围者的隶属/最佳程度。而二者的区别之一是前者使用的是数字性方法，后者则强调非数字性方法的使用。前者侧重使用数学/逻辑推理，后者则侧重心理/认知方面的探讨。

模糊集理论所使用的量化方法被一些人认为是不合适的（比如，莫克斯和桑福特，1993b）。主要的理由是量化方法不能合理地处理模糊语义。诸如英语中的"多"（"many"）和"很多"（"very many"）并不一定是数量上的区别，二者的区别可能是强调程度上的差别，而这种差别不是用数字可以表达出来的。其实，对模糊集的量化方法的批评有些可能属于误解。我认为（Zhang，1996）模糊集理论之所以使用数字形式来处理模糊性，这是由它的理论性质决定的。并且，其中的精确数字是用来说明和解释一定的问题的，就是说利用它们来表示某种模式和走向，而这些精确数字本身到底是多少意义并不大。所以，对模糊集理论所使用的精确数字的狭隘理解是不妥的。

那么，到底是数字方法合理还是非数字方法合理呢？这还要具体问题具体对待，不能一概而论。比如，本文讨论的焦点是适用性理论对模糊语言的解释，而适用性理论是从事心理/认知方面的探讨的，因此本文的方法就自然是非数字性的了。

威尔森和司坡伯（2002，第253页）指出，从建立一种心理上有说服力的理论这一角度来说，适用性的特征是通过比较来衡量和判断的，而不是用简单的数量来表示。原因之一是我们每个人都在自己的脑子中判断是否适用性的时候，一般说来不用数字的形式来思考。这是因为用数字来思考问题对我们大多数人来说不习惯，从而会消耗比较多的时间和精力。我们喜欢用简单而快捷的比较方法来判断问题，因为这样比较符合我们的直觉。另外，在很多情况下我们也无法用数字的形式来思考和判断。值得一提的是，即使在可以用的情况下我们也常常选择不去用它。比如，当话题是有关重量或者距离的时候，这时应该可以运用数字来判断适用性的程度。然而，由于直觉性的问题我们还是喜欢用非数字的形式来判断有关重量和距离的适用性程度问题。

非数字方式的优点之一就是可以观察到更深层次上的问题。比如，两个模糊量词单单就其数字值来讲并无太大的区别。它们的主要区别是在非数字方面，诸如关注点（attention）的焦点（focus）。莫克斯和桑福特（1993b）曾从非数字的角度来分析英语中的"没有几个"（"few"）和"几个"（"a few"）。他们的语言调查结果表明这两个模糊量词的主要区别在于焦点的不同。请看下例：

（1）没有几个人去上玛丽的课。他们上的是约翰的课。

"Few students attended Mary's class. They went to John's class instead. "

（2）有几个人上了玛丽的课。他们觉得课上得不错。

"A few students attended Mary's class. They enjoyed it. "

（6.4.1）

在（6.4.1）中，"没有几个"的焦点是没有去上玛丽课的学生，而"几个"的焦点则是去上了玛丽课的学生。莫克斯和桑福特认为这些量词的主要功能是恰到好处地控制语义的焦点和推理的模式。他们强调指出量词除了数量方面的区分以外，它们在其他方面也有重要的不同。比如，"少"和"很少"不一定非在数量上有什么差别，它们的差别可以体现在语气上，就是说"很"强调的是后者比前者的语气程度更强一些（enhance the strength of claim）。他们认为我们不应该试图给每一个模糊量词都强加一个精确的数值。

莫克斯和桑福特的观点和适用性理论的原则一致。原因在于一般说来使用精确数字往往会增加交流所用的时间和气力，而适用性理论要求的是在尽可能的情况下我们要缩短交流的步骤和时间，因此应该尽量不用精确数字来交流。这一点我们以上也提到过，在可以选择的情况下，人们还是喜欢用非数字的形式来交流的。当然，在强调非数字形式交流的可行性的同时，我们也不能完全忽视数字交流的有用性。其实，数字还是非数字，这要取决于一定的语境和需要。在分析模糊语言的时候，心理、认知、文化等方面固然应该考虑周到，但是我们也不能说数字方面就可有可无了。数字和非数字方面的合作使用是语言运用的特征。比如：

（1）a. 丈夫：我打算请几个朋友来吃饭，你看呢？

b. 妻子：好。告诉我到底有几个人，我好准备饭菜。

（2）a. 丈夫：我打算请几个朋友来吃饭。你也来吧？

　　b. 朋友：我一定去。

（6.4.2）

　　在（1）中，因为要知道应该作多少饭菜，妻子必须知道来吃饭的准确人数，"几个"的模糊语义在这里不适用。但是，在（2）中的"几个"的模糊语义就可以，因为听者不需要知道吃饭的准确人数。所以，在（1）中，妻子特意问了要来吃饭的人数，而（2）中的朋友并不关心这个问题，也就根本没有提出这个问题。（6.4.2）说明了有时候我们需要精确数字，有时候我们不需要。因而，我们在研究模糊语义的时候，也就要意识到这一点。就是说，虽然非数字方法可能达到更深的一层，我们却不能走另一极端而完全抛弃数字方面的研究，因为后者还是有一定的用处的。

　　下一节中，我们将讨论语境对模糊语义的作用，即针对不同的语境和不同的交流需要，人们如何自如地选用不同的语言形式进行交流。

## 第五节　不同的语境，不同的语言形式，　　　不同的语义解释

　　威尔森和司坡伯（2002，第269页）指出英语中的"put to sleep"在（6.5.1）

　　（1）彼德：你觉得马丁最新出版的小说怎么样？

　　　　（Peter：What do you think of Martin's latest novel?）

　　（2）玛丽：很乏味。

　　　　（Mary：It puts me to sleep.）

（6.5.1）

中的语义很特别，它不仅仅是字面意思"使人睡觉"，还含有松散语义"很乏味"。在这个对话中，只有在彼德认为松散语义"很乏味"不合适的时候，他才会考虑是否应该将其理解成字面语义。

　　这就是说，人们会量体裁衣，不同的语境采用不同的语义理解。这也适用于模糊语义的运用，人们根据语言交流的不同需要来决定是否选用模糊语言。

　　语例一：采用精确词语还是模糊词语

　　（1）女儿：我的一些朋友要来参加我的生日聚会。

（2）母亲：给一个准确数字。

（3）女儿：十个。

$$(6.5.2)$$

在（6.5.2）中，女儿在第一个句子中用的是"一些"，这种用法在说者看来并不违反适用性理论的原则。原因是它可以用最小的气力达到最佳的认知效果。但是，母亲却不这么认为，带有松散语义的"一些"并不能满足她的要求，因为她需要知道准确的数字以便为孩子们准备食物。所以，在听者看来，"一些"不能使她满意，所以她在下一个句子中提出要求给出精确的数字。女儿随即回答了她的问题，给出准确数目：十个人。这样回答，母亲才感到满意了。这个例子说明，语言交流的双方必须都满意才行，从而符合适用性理论的原则。如果有一方不满意，那么双方应该互相商议协调，最后争取得到一个双方都满意的结果。这个例子还说明另外一个问题，这就是数字的运用并不一定都是不可取的，在一定的语境中还是很需要的。当然，用什么语言形式这还要取决于语言交流的双方。任何语言形式都可能有用，任何语言形式又都可能不可取。哪个可取，哪个不可取，决定大权完全掌握在语言交流者的手中。

语例二："很"，"有点"的使用

（1）形势对我们不利。

（2）有多么不利？

（3）十分不利。

$$(6.5.3)$$

这个例子和上个例子大致一样，交流双方都必须协商以求达到大家都满意的结果，也就是说达到适用性理论要求的最佳认知效果。这个语例和前一个语例的不同之处在于这里用的不是精确数字，而是限制词"很"，因为"不利"是不能用精确数字来修饰的。

另外，人们有时也因为某种原因而使用某种特定的语言形式。比如，说者故意不给出准确的信息，为的是达到某种目的。这一点可以由下面的语例来说明。

语例三：一个房产经纪人每次卖房开放（open home）时间过后给房主的留言

（1）第一周："十一个人来看房"。

（2）第二周："七个人来看房"。

（3）第三周："一些人来看房，另外还有一个人第二次前来"。

（4）第四周："来看房的人不太多"。

（6.5.4）

从上例我们可以看出，用语是从精确到模糊。房产经纪人在房子刚上市的头两周给房主的数目是精确的，可能经纪人认为那两个数字还是不错的，可以说得出口。可是，后两个星期的看房人数下降不少，经纪人觉得如果再用精确数字可能会打消房主的积极性，所以他就改变了用语的形式，改为用模糊量词了。第三周用的"一些"，第四周用的"不太多"，都是模糊量词，听者从上下文可以估计出可能第三周的人数应该低于第二周，不然经纪人不会改用模糊量词。听者还可以估计出第四周的来人可能比第三周还少，因为经纪人用了"不太多"这个词。虽然经纪人改用了模糊量词，但是模糊量词还是可以暗示出来看房子的人数是呈下降走势。一般来说，房主和经纪人是心有灵犀一点通的，双方都知道为什么改用模糊量词，只是谁也不愿意把话挑明就是了。因为房主心里明白经纪人的苦心，他们一般也不会不知趣地追问经纪人到底第三周和第四周的来人数目是多少，除非因为某种原因他们一定要知道精确的人数。

至于（6.5.4）中的模糊量词的用法是否符合适用性理论的原则这一问题，这完全取决于房主是如何看待这个问题。如果他就想知道来看房子的人是增加还是减少，那么（6.5.4）中的模糊量词应该是没有问题的，因为它们起到了这个作用。然而，如果房主想知道的是精确数字，对经纪人用的模糊数字不满意的话，那么模糊量词的运用在这里就不合适了。当然，（6.5.4）中（1）和（2）中用的精确数字也有一个是否符合适用性理论原则的问题。道理和上面分析（3）和（4）中的模糊量词的运用是一样的，是否有适用性完全取决于房主的需要。

最后要提到的是文化对适用性理论的挑战。我们知道语言和文化是分不开的，文化在一定程度上左右着语言的运用。比如，人们一般不会说一些使别人不舒服的话。让某人评论一下他的朋友是否脑子聪明的话，如果这个朋友刚好并不聪明，那他一般也不会直接说出来。如果可能的话，他会尽量回避回答这个问题，说一些别的不关痛痒的话，诸如那个朋友的人品很好呀，很会炒菜呀，等等。这种语言行为在听者看来是违反适用性理论的，因为说者所答非所问，没有使对方在使用最小的气力下得到最佳的认知效果。可是，这种语言行为符合文化的标准，所以人们也就按照这种文化标准来进行语言交流。这种现象表明语言和文化的标准有冲突时，文化标准往往是占上风的，尤其是类似中国文化这样的古老的文化。因此，我们需要对如何处理文化和语言之间的冲突的问题进行更深一步的研究。

在这一节中，我们讨论了适用性理论对模糊语义的运用和解释。讨论的结论是模糊语义是可以用适用性理论来说明的，就是说它的使用是合乎适用性理论的原则的。具体说来，模糊语义的使用是符合以最小的气力取得最佳的认知效果的。然而，虽然适用性理论对个体这一层次上的一对一的语言交流行为比较有可行性，但是在群体层次上的适用性的处理还并不成熟，此问题需要进一步的完善解释才行。

是否达到了最佳的适用性不是由选用什么样的语言形式（模糊还是非模糊的语言形式）来决定的，而是由语言交流者来决定的。无论语言形式是数字或者是非数字，有限制词或者没有限制词，它们都不是决定性的因素。决定权掌握在语言运用者手中，取决于我们的判断。如果我们觉得语言的运用符合适用性原则，那么它就可以被接受。人们可以运用自如地选择合适的语言形式来适用于特定的语言环境。最后一点要说明的是当语言规则和文化标准有分歧时，后者往往得胜。这就要求我们在研究语言的同时，也要考虑到文化、政治、经济等方面的影响。不然，我们的语言研究就不够全面，达不到一定的深度。

适用性理论和这一章节采用的是认知和心理学的方法来研究语言的运用的，这种研究方法可以补充语义学的不足，从而使语言的研究更深入一步。但是，必须强调的是这两种不同的研究角度各有千秋，在不同的情况下各自有着各自的独到的作用。

# 第七章　结论及启示[①]

自 20 世纪 70 年代在辽宁大学中文系读硕士研究生时，作者就开始了对模糊语义的研究。后来到英国爱丁堡大学语言学系就读博士学位时，选的题目又是与模糊语义有关的，论文题目为"模糊量词的语义问题"。基于本人多年来对模糊语义，特别是模糊量词的探索，得出的主要结论是语义的一个显著特征，即其模糊语义界限。命题非真即假的理论在自然语言中有很大的局限性，模糊语义对所有基于二元论的语言学理论是一个挑战。自然语言中的模糊性无所不在，任何完善的语言理论都应具备处理模糊性的有效方法。

下面，从语义、普通语言学、逻辑以及心理学等方面具体阐述一下所得出的结论和一些重要的启示。

## 第一节　语义方面

一个表达式可由一个带有不确定界限的模糊集合来表示，某一义项是否属于一个语义范畴是一个程度问题。这一结论对语义学的影响是什么？

首先讨论模糊语义的组合性和规律性问题。组合性是指语义表达式是其义项组成部分的函数。语义理论是否合理、全面，取决于它是否能证实组合性的存在。组合性原则的重要性在于语义的构成不是任意的，而是有规可循的。没有组合性意味着语义理论将失去其意义。

本人对模糊词语的研究结果证实了组合性的存在。模糊词语，尤其是它的核心语义成分，确保它的隶属函数构成的同一方式。例如，"大

---

① 本节参考 Zhang（1996）. *The Semantics of Fuzzy Quantifiers*. China Wenlian Publishing House，Beijing.

约 + n"一般会有一个正态分布的曲线。在各种不同的语境中，这一正态分布曲线可能会变得细高一些，两边截短一些或非对称一些。但是，它绝对不可能有一个单向上的非正态分布曲线。与其相反，"高"、"很多"、"极高"等同一类型的词语，虽然可能有不同的隶属度值，但它们的语义模型均应为非正态单向上分布，而不可能像"大约 + n"那样会有一个正态分布的曲线。

同一类型的词语不但具有同一语义模型，而且还具有相同的推理模型。再以"大约 + n"为例，它的推理模型之一是，含有精确数字"n"的命题蕴涵"大约 + n"的命题。也就是说，"我有二十个学生"蕴涵"我有大约二十个学生"。同理，"高"、"很多"、"极高"等的推理模型是，含有较高等级词语的命题蕴涵较低等级词语的命题。具体说来，"学生的热情极高"蕴涵"学生的热情很高"和"学生的热情高"；而"学生的热情很高"又蕴涵"学生的热情高"。

模糊词语的组合性反映了这样一种规律：同一类型的模糊词对所修饰的成分的作用相同。这也就是说，模糊词语不具备习语性质（idiomatic characteristic）。作为一个习语至少要具有以下两种性质（舍乃尔1983：176）：它的意义不是其义项意义的机械性相加；它的义项不能随意替换。这两个性质均不适用于模糊词语。比如，"大约八十"和"大约八百"中的"大约"均可构成同样的"大约 + n"语义模型。还有，"大约"可以由"近似"、"左右"、"上下"等来替换。在英语中，"about"也可由"approximately"、"around"等来替换。这也就是说，这些词在语义上的差别不大。由此可见，模糊词语不属于习语范畴。换个角度说，它们具有组合性。

模糊语义的组合性和非习语性保证模糊词语的语义值变化有一定规律性。换言之，虽然在不同语境中，某个模糊词语的隶属度值可能会有所不同，但这种变化应该是在一定限度之内的。比如，由于"大约 + n"的统一的语义模型的控制，任何此类词语的隶属度数值不可能不是一个正态分布。以"大约二十"为例，不同的语境或不同的人可能赋予"二十五"对"大约二十"的隶属度以不同的值。但是，"二十五"的隶属度比"三十五"的低这种现象是不应出现的，这是因为它违背了"大约 + n"的语义模型。再比如，"高"、"很多"、"极高"等词语的隶属度在不同的情况下可能不尽相同。但是，某高度对"极高"的隶属度为0.8，可对"很高"为0.3的现象是反常的。根据这类词语的语义模型，某人对"很高"的隶属度应大于他对"极高"的隶属度，而不是小于它。模糊语义的变化有规律性的例子在自然语言中是到处可见的。

我们还可以核心—边缘系统为例来说明模糊词语的模糊性是系统而可定义的。语义的核心成分为模糊词语的解释建立一个标准，边缘成分将由此而选择，也就是说核心成分是划出语义界限的参照标准。隶属函数的制定就是这样一个有规可循的过程，即根据某元素对中心（典型）元素的相似程度来制定它的隶属度。

具体说来，模糊词语的规律性和组合性使模糊语义具有内部结构，这可由典型性和隶属函数来反映。典型性是指以某一典型成分选择出与其相似的语义成分的集合，这种过程可由隶属函数形式化。例如，如果"大约八十"的典型成分为80，那么75应没有79的隶属度高，因为75对80的相似度低于79的。这一原则不仅对模糊量词适用，对其他模糊词语也同样适用。这一点可由舍乃尔（1994）的研究成果来证明。她对模糊词语所形成的语义范畴进行了详尽的分析，比如，"水果类"（fruit and something like that）。基于实验结果，她得出以下结论：不论是模糊量词还是其他类型的模糊词语都遵循同一原则，即语义范畴的组合和其元素的排列是以某一元素与典型元素的相似度为衡量标准的。这种模糊词语的语义内部结构同时也揭示了人们对此的推理过程：即根据某元素对标准元素的相似度来排列它们。

以上所讨论的组合性和规律性说明，某个模糊词的具体语义值不可能绝对相同，没人能够给它一个百分之百的精确推断。这是由于模糊语义本身的外延不确定的特点所决定的。然而，它的变异性却是有规律的，即必须以某一相应的语义和推理模型为准。这又是由模糊语义的组合性和规律性所决定的。变异性并不影响其组合性，二者相辅相成。模糊语义既有组合性又有变异性，这使它在自然语言中的特点和功能都很独特。由此得出的另一个结论是，自然语言由于模糊语义的存在而杂乱无章的观点是没有根据的。

总之，模糊词语具有组合性。这种组合性体现在同一语义类型的模糊词语可用同一种方式产生同一种语义模型。虽然隶属函数可随语境的

变化而有所变化，但这种变化局限于一定范围。模糊词语是有规可循
的，而有规可循的语义模型是不影响模糊语义的组合性的。换言之，虽
然有些具体的语义值的确定需要参考语用因素，但模糊词语的语义和推
理模型是有系统和可推断的。本书这种模糊语义的组合性和有规可循性
相结合的提法是独特而新颖的。

## 第二节　形式语义学和逻辑方面

　　模糊性在传统的形式语义学中是常常被忽视的一个问题。历年来，
人们满足于给语义贴标签的现状，而没有给它一个系统而全面的语义描
写。原因在于模糊语言的复杂性以及传统理论对此束手无策的现实性。
然而，如果想真实地反映自然语言，精确性只是其中的一个方面，模糊
性是自然语言的另一个重要方面，两者呈缺一不可的关系。如何在形式
语义学中处理好模糊性是能否建立一个有效的形式理论的关键性问题。

　　本人的研究对二元真值条件语义学和逻辑提出了异议。传统的非真
即假的方法是不能正确的反映以模糊词语为代表的复杂的语言现象的。
以"有些女人是高个子"为例，这个命题传统上被看做一个逻辑存在量
词（existential quantifier）。其"逻辑必然"是至少有一个女人是高个
子；而"逻辑可能"是有些女人不是高个子，有些高个子不是女人。其
实，此类命题含有的是自然语言量词，即非逻辑量词。它的语义应由
"几个"或"一些"来表示，这比"至少一个"的经典表示方法更容易
被接受。

　　模糊词语语义模型所表示的信息比一般传统的语义模型要多很多。
模糊语言学的研究角度与传统语言学不同，前者用隶属度来定义模糊词
语，这种表示法能有效地处理自然语言的模糊特征。它还可以表示自然
语言中的时空变化以及每一变化的具体进展。

　　模糊集理论比较适合定义模糊语义，它对模糊语义的处理也比较切
合自然语言的实际情况。正如史密森（1987：1）评论的那样，如同许
多感觉自然的概念一样，模糊集概念并不复杂。在古典集合中，某一元
素要么属于某一集合，要么不属于某一集合。在模糊集合中，一个元素
可以部分地属于某一集合。模糊集合允许集合隶属度的渐进过程和不确

定边缘界限，这种定义与人们的思维和语言的实际情况很相像。麦考利（1981：380）也有同样的感受，他认为模糊集的等级真值为不确定概念提供了一种恰当的处理方法。0 与 1 之间的中间值不强迫人们在集合元素和非集合元素之间勉强划界。

　　模糊集理论不仅具有理论意义，它在实际运用中也颇有成效。据报道，它在下列领域中成果显著：机器人、无人驾驶飞机、模型识别、人工智能，等等。总的说来，模糊集合的引用使机器增加灵活性。比如，计算机本身有一定的呆板性，与人脑比起来在处理不确定性方面要差得多。机器需要提高它模仿人类行为的能力，模糊性是人类思维和语言的一个固有特点，所以机器必须学会如何处理模糊性。在面对模糊信息时，机器必须具备处理它的一套程序。模糊集理论用隶属度等方式使机器能够在一定程度上处理模糊性。除模糊集理论以外，其他理论，比如连接理论（connectioni – st）［参见多兰（Dolan），1989；夏凯（Shar-key），1990］，也正在为处理模糊性开辟新的境地。

　　在语义研究中引进模糊集理论，可以用数量方法来定义不同类型的模糊词语，表示模糊语义的规律性。在我的形式语义框架中（详见Zhang，1996），语义模型是由带有等级的真值来建立的。它反映了自然语言的特性，缩小了自然语言和形式语言之间的差距。任何一个模糊词语的具体语义值都是与特定语境有一定关系的。然而，它们的内涵义却不会随着语境的变化而变化。这种核心定义还决定某一模糊词语与它所包含的元素之间的关系。

　　同样道理，虽然我们可能不知道某一命题在某一具体语境到底是真还是假，但却知道命题的真值条件，即某一命题在什么条件下会为真/假。例如，"很多人去了商店"的真值条件是"去商店的人数多于平均数"，这一条件可以在抽象意义上被确定。当然，到底多少为"平均数"还要依具体情况而定。

　　那么，真值条件是由什么来决定的呢？它是由核心意义来决定的，核心意义不仅决定真值条件，也决定推理模型。这也就是说，如果知道某一模糊命题的核心意义，就知道由此决定的命题真值条件和推理模型。比如，由"大约二十个学生去上课"的核心意义，可以推测出命题"大约二十个学生去上课"的真值条件为"去上课学生的人数为二十加减一个数"。推理模型则为"二十个学生去上课"蕴涵"大约二十个学生去上课",且凡由"大约"构成的推理模型均应为向上单调,既是主语又是谓语向上单调(详见本书第二章第4.3节)。

总之,核心意义,真值条件与推理模型之间的可推测性使得对模糊词语所进行的形式语义研究具有可能性和合理性。不然,建立模糊词语的形式化语义模型是不可思议的。

## 第三节　普通语言学方面

不少词语都有其模糊外延,比如"高"和"红"。有些似乎是精确的词语,一经推敲也会变得模糊起来。比如,某个男人做了性改变手术后应称之为"男人"还是"女人"呢?

然而,正如黑斯派尔马斯(M. Haspelmath,语言学万维网:Vol. 5,190)指出的那样,语言的模糊性问题并未被在语言界很有权威的乔姆斯基派(The Chomskyan school)所重视。他说:"他们断言范畴是一刀切的,渐变性在语言学中是没有市场的。尽管模糊性的存在已被大量语言事实所证明,因为乔姆斯基的权威和影响,他们的说法并未遭到什么反驳。当然,如果把自然语言当作程序语言来看,那么模糊性就必然是难以对付的东西了。连接论也只是逐渐地开始对理论语言学产生影响的。"

弗莱格(1970)把语言的模糊性看做一种缺欠,他认为没有一刀切定义的概念不是准确定义的概念。弗莱格认为模糊词语缺乏意义,但我认为模糊词语的意义虽然模糊,但它们却有一定的意义。模糊语义应被看做为语义的一个正常部分,因为模糊词语,如同其他类型的词语一样,在自然语言中客观地存在,并且在语言交际中起着十分重要的作用。

弗莱格还认为经典逻辑规律对模糊概念一概不适用,所以这一概念是不可接受的。以排中律为例,它就不能用来解释任何一个模糊概念。但我们认为不能说模糊性不被经典理论所接受,因此就不能被接受。事实上,我们应该从相反的角度看问题。这也就是说,如果我们的理论不能解释自然语言中所存在的模糊性,那么就应该认真考虑一下我们的理论是否完善。语言事实显示排中律不符合实际，它与语言中大量存在的模糊现象不相符合，因而它是不完善的。

模糊语言并不应该被看做是一种缺欠。我所收集的中、英文语言资料证明语言的模糊性是必然的，而不是偶然的。语境并不能消除模糊性，至少在理论上如此。[①] 虽然语境可以消除歧义，但对模糊性却无能为力。这是因为模糊性是自然语言的固有特点，我们不能改变这一事实。更重要的是，也没有任何必要去改变它。

模糊性对语言学理论是一种挑战，因为几乎所有的语言学理论都有一种"绝对论"（categorical view）观点在里面。比如，在传统的范畴论看来，范畴具有离散性质，即范畴从形式和功能上均具有一刀切的性质。但事实上，这种离散性假设并不符合语言学中许多领域的实际情况。比如，模糊词语就与绝对精确的观点格格不入，它使绝对论呈现出很大的局限性。

人们倾向于使语言范畴的划分过于呆板和精确，传统范畴论在处理模糊性上也有不足。乔姆斯基（Chomsky, 1957）提议语法中的模糊现象可"由语法本身来解决"（letting the grammar decide），这种说法并未提供一种处理语法模糊性的有效方法。与此相反，罗斯（1973）指出了名词词组模糊性这一问题，并讨论了有关的处理方法。他认为，如果我们坚持说语法是基于确定性之上的，那么则会有忽视模糊性的危险。这也就是说，虽然忽视模糊性的理论研究在最初阶段可取，但并不是一个合理而全面的方法，因为这种研究方法并未正视模糊性的实际存在。雷可夫（1973b）也指出，我们需要对模糊性作一个全面而系统的研究，应从不同角度研究我们的语言及周围的世界，放弃"一切皆精确"的传统方法。

拉波夫（1973：347）正确地指出：如果我们想十分认真地研究语言范畴这一问题，必须超越古典的、公认的、只研究范畴离散性质的绝对化理论。脱离绝对论或与其相类似的呆板理论，才能够对模糊界限的真正特点进行考察，进而找出指导语言运用的更高一层的特点。

---

① 莫克斯（与作者个人之间交换意见）指出，如果我们想说实验结果证明语境不能消除模糊性，就必须有办法来形成一种完全脱离语境的场合。莫克斯认为这是不可能的，无语境的场合是不存在的，而且我们也不能控制语境的每一个方面。

## 第四节　心理学方面

　　研究成果表明模糊语义的理解是因人而异的。某一词在特定语境中的语义值的确定受多方因素的影响。比如，语境、心理等方面。这与解决一个复杂的问题相似，必须考虑到诸多因素。

　　模糊集理论可提供一种表示心理学中模糊性的方法。史密森（1987：75—76）评论到，模糊集理论的讨论对模糊现象的认识意义不小。在此以前，模糊现象的研究由于缺乏合适的、有代表性的术语和概念系统而开展不起来，模糊集理论填补了这一空白。这不仅仅是知识领域的广泛化，而且也是一个对人们的认知和相关方面的研究的重要转折点。史密森列出了模糊集理论对社会科学，包括心理学在内的重要贡献：

　　（1）渐变性：人们认识范畴的自然行为与模糊集合所描述的相似。

　　（2）人类科学中的很多概念难免不模糊，因为它们是有等级性的。

　　（3）人们建立、运用范畴的方法与模糊集中的规则相对应。

　　史密森（1987：75—76）指出，在人类科学中，我们要根据主观见解和概念要求来灵活运用或修改模糊集的各种理论。认知心理学和心理语言学会对这一方面做出极大的贡献。那些对人类思想和语言进行启发性或间接性研究的学者认识到，模糊集理论无疑提供了一个概念处理的合适工具。对模糊集理论的真正检验是看其是否能解决那些经典方法所解决不了的问题。

　　本书所讨论的语义和推理模型在一定程度上揭示了人们是如何理解模糊词语的，特别是人们在解释某个模糊词语时，习惯将范畴中的元素按其与典型元素的相近度的大小而排列成行。另外，哈林顿（Harrinton，1994）通过实验得出的结论是，人们对典型元素的反应要比对非典型元素的反应快。近似型推理在日常生活中是常见的，这一现象在认知学和心理学研究中是不可忽视的，我们应该对此进行深入细致地研究。

　　我认为人们对某一模糊词语的具体语义值的认识和理解是有规可循的，既不完全随意也不能完全可以推断（详见本章第一节）。正如雷可夫（1987：346）指出的那样，在人类概念系统中，有规可循是一个很重要的特点。他指出，原因是学习有规可循的东西比学习无规可循的东西要容易一些，记忆方面也是如此。雷可夫（1987：538）的结论是有规可循是概念体系中的普遍特征。

哈林顿（1994）评论到，雷可夫（1987）的有规可循这一概念是认识体系的一个原则，出现于一系列词汇语义结构中，尤其是多义词。虽然多义词在自然语言中普遍存在，但至今与此方面相关的认知理论还远远不能令人满意。因此，雷可夫的理论对我们理解人脑中的词库有着重大的意义。哈林顿作了三个实验，目的是证明有规可循在本体论和内涵关系系统中的重要地位；有规可循的结构比无规可循的结构容易学习和记忆。他的实验是对有规可循和无规可循的多义词内涵进行学习和记忆的检测。实验报告基本符合哈林顿的假设，即人们对有规可循的东西反映的快一些，也准一些。

雷可夫（1987：9）提出了一个从古典范畴转至基于典型理论的范畴的建议。这一转变将引起真值概念、知识、意义、原理等方面的变化。他认为以下古典观念已不合时宜：

（1）思维分离、独立于身体。

（2）情感无概念成分。

（3）推理是先验的，先于人类和与其相似的类群的思维。数学是一种先验性推理。

（4）对世界的正确认识只有一种。

（5）所有人同用一种概念系统进行思维。

奥登（1977a）认为他本人的研究为发展一种叫做模糊心理逻辑学（Fuzzy Psycho – logic）奠定了基础。经典逻辑不能很好地表现人们的主观经验和知识。人类有能力处理模糊信息，而几乎所有的语义信息处理都具有模糊性质。奥登（1977b）还讨论了怎样用语义记忆上的隶属度信息来确定语句解释的合理程度，以及选择歧义句的某一语义解释。模糊语义信息处理理论与更好地理解处理模糊信息的基本认知过程息息相关，这在奥登提倡的模糊心理逻辑中是一个最重要的研究目标。

最后值得一提的是，本书对适用性理论和模糊语义的讨论说明模糊语义的使用是符合人类语言使用的原则和标准的：即尽可能地以最小的气力取得最佳的认知效果。由此，模糊语义得以存在并且不断发展。

## 第五节　结语

　　本书对模糊语义的探讨旨在进一步发展语义理论。我认为语言应该精确的说法是不全面的。模糊性是语言本身的特点，而不是偶然现象或由语境而产生的结果。"不幸"的是，客观世界不存在永恒不变的所谓"理想"语言。菲恩（1975）曾断言任何有意义的表达式均可模糊，名词、名词算子、谓词、量词，甚至句子的算子。接受模糊性这一现实越多，片面强调精确性越少，语言学的研究取得实质性进展的机会就越大。

　　我们必须使我们的理论（和机器）能够解释和处理自然语言中的模糊性。人们期待着模糊性的研究（比如，语言模型等）会对自然语言形式化有所贡献，尤其在允许模糊性的软科学方面。本人认为语言学、逻辑和心理学之间的合作交叉研究会使模糊性研究更上一层楼，建立更完善的理论，寻找出更有效的方法。由于模糊语义研究对语言学和计算机等现代科学技术的发展有着重要的意义，模糊语义学的研究将迅速发展成为具有广阔研究领域和发展前景的一个边缘学科。

　　模糊性不仅存在于语义之中，在语音、语法等语言学的其他领域中也是客观存在着的。模糊语言学的研究已引起人们的极大关注，愈来愈多的人开始从事此方面的研究，这必将促进模糊语言学的理论和方法日趋完善。

# 附录 I："期中"语言调查的原始数据

| | | |
|---|---|---|
| 4. 23—5. 31 | 4. 15—6. 20 | 4. 20—5. 20 |
| 5. 10—5. 20 | 5. 10—5. 25 | 5. 15—5. 20 |
| 5. 6—5. 26 | 5. 5—5. 20 | 4. 30—5. 20 |
| 4. 30—5. 25 | 4. 15—6. 16 | 5. 10—5. 31 |
| 5. 10—5. 20 | 5. 5—5. 20 | 5. 5—5. 25 |
| 4. 15—5. 30 | 4. 25—6. 5 | 5. 10—5. 20 |
| 5. 14—5. 20 | 5. 5—5. 20 | 5. 15—5. 16 |
| 4. 20—6. 10 | 5. 5—5. 20 | 5. 5—5. 20 |
| 5. 10—5. 20 | 4. 30—6. 5 | 4. 30—5. 30 |
| 5. 15—5. 16 | 5. 10—5. 20 | 5. 10—5. 20 |
| 4. 20—6. 10 | 4. 26—5. 26 | 5. 15—5. 20 |
| 5. 10—5. 20 | 4. 30—6. 5 | 5. 5—5. 25 |
| 5. 4—5. 24 | 4. 28—5. 28 | 4. 20—6. 10 |
| 5. 15—5. 31 | 5. 15—5. 20 | 5. 13—5. 18 |
| 4. 25—5. 31 | 5. 15—5. 20 | 5. 14—5. 20 |
| 5. 5—5. 20 | 5. 3—5. 23 | 5. 10—5. 25 |
| 5. 10—5. 20 | 5. 5—5. 25 | 5. 5—5. 20 |
| 5. 5—5. 20 | 5. 1—6. 1 | 4. 30—6. 5 |
| 5. 10—5. 25 | 4. 25—5. 31 | 5. 5—5. 31 |
| 4. 27—5. 28 | 5. 5—5. 20 | 5. 15—5. 16 |
| 4. 20—5. 20 | 5. 4—6. 4 | 4. 25—5. 31 |
| 5. 5—5. 25 | 4. 25—5. 31 | 5. 10—5. 30 |
| 4. 30—6. 10 | 5. 5—5. 25 | 4. 30—6. 10 |
| 5. 5—5. 25 | 5. 10—5. 20 | 5. 14—5. 24 |
| 5. 10—5. 20 | 5. 14—5. 31 | 4. 15—5. 31 |

| | | |
|---|---|---|
| 4. 25—5. 31 | 5. 10—5. 20 | 4. 28—6. 2 |
| 5. 5—6. 5 | 5. 5—5. 20 | 5. 5—5. 25 |
| 5. 14—5. 16 | 5. 14—5. 17 | 4. 24—6. 10 |
| 5. 10—5. 20 | 4. 30—5. 31 | 4. 30—5. 31 |
| 4. 14—6. 15 | 4. 15—6. 15 | 4. 30—5. 31 |
| 4. 20—6. 10 | 5. 5—5. 20 | 4. 20—5. 30 |
| 4. 20—5. 31 | 4. 25—5. 30 | 5. 10—5. 20 |
| 4. 24—5. 31 | 4. 30—6. 10 | 4. 15—6. 15 |
| 5. 15—5. 17 | 5. 8—5. 18 | 4. 20—5. 31 |
| 5. 14—5. 20 | 5. 15—5. 25 | 3. 1—7. 30 |

# 附录 II："期中" 频数分布表

将以上数据进行筛选，把那些明显不符 "期中" 的模糊语义界限的数据舍去不计。

按群众评定法：

频数：样本落在每个组内的数目

相对频数：频数与样本总数之比

样本总数 = 104（舍弃一可疑观察值）

作出频数分布表如下：

| 序号 | 分组（日期） | 频数（人数） | 相对频数 |
|------|------|------|------|
| 0 | 3.1—4.13 | 0 | 0 |
| 1 | 4.14 | 1 | 0.0096 |
| 2 | 4.15 | 7 | 0.0673 |
| 3 | 4.16 | 7 | 0.0673 |
| 4 | 4.17 | 7 | 0.0673 |
| 5 | 4.18 | 7 | 0.0673 |
| 6 | 4.19 | 7 | 0.0673 |
| 7 | 4.20 | 16 | 0.1538 |
| 8 | 4.21 | 16 | 0.1538 |
| 9 | 4.22 | 16 | 0.1538 |
| 10 | 4.23 | 17 | 0.1635 |
| 11 | 4.24 | 19 | 0.1827 |
| 12 | 4.25 | 26 | 0.25 |
| 13 | 4.26 | 27 | 0.2596 |
| 14 | 4.27 | 28 | 0.2692 |
| 15 | 4.28 | 30 | 0.2885 |
| 16 | 4.29 | 31 | 0.2981 |

| 序号 | 分组（日期） | 频数（人数） | 相对频数 |
|---|---|---|---|
| 17 | 4. 30 | 43 | 0. 4135 |
| 18 | 5. 1 | 44 | 0. 4231 |
| 19 | 5. 2 | 44 | 0. 4231 |
| 20 | 5. 3 | 45 | 0. 4327 |
| 21 | 5. 4 | 47 | 0. 4519 |
| 22 | 5. 5 | 67 | 0. 6442 |
| 23 | 5. 6 | 68 | 0. 6538 |
| 24 | 5. 7 | 68 | 0. 6538 |
| 25 | 5. 8 | 69 | 0. 6635 |
| 26 | 5. 9 | 69 | 0. 6635 |
| 27 | 5. 10 | 87 | 0. 8365 |
| 28 | 5. 11 | 87 | 0. 8365 |
| 29 | 5. 12 | 87 | 0. 8365 |
| 30 | 5. 13 | 87 | 0. 8365 |
| 31 | 5. 14 | 94 | 0. 9038 |
| 32 | 5. 15 | 104 | 1 |
| 33 | 5. 16 | 104 | 1 |
| 34 | 5. 17 | 98 | 0. 9423 |
| 35 | 5. 18 | 96 | 0. 9231 |
| 36 | 5. 19 | 96 | 0. 9231 |
| 37 | 5. 20 | 96 | 0. 9231 |
| 38 | 5. 21 | 62 | 0. 5962 |
| 39 | 5. 22 | 62 | 0. 5962 |
| 40 | 5. 23 | 62 | 0. 5962 |
| 41 | 5. 24 | 61 | 0. 5865 |
| 42 | 5. 25 | 59 | 0. 5673 |
| 43 | 5. 26 | 47 | 0. 4519 |
| 44 | 5. 27 | 45 | 0. 4327 |
| 45 | 5. 28 | 45 | 0. 4327 |
| 46 | 5. 29 | 43 | 0. 4135 |
| 47 | 5. 30 | 43 | 0. 4135 |
| 48 | 5. 31 | 38 | 0. 3654 |
| 49 | 6. 1 | 21 | 0. 2019 |

| 序号 | 分组（日期） | 频数（人数） | 相对频数 |
| --- | --- | --- | --- |
| 50 | 6.2 | 20 | 0.1923 |
| 51 | 6.3 | 19 | 0.1827 |
| 52 | 6.4 | 19 | 0.1827 |
| 53 | 6.5 | 18 | 0.1731 |
| 54 | 6.6 | 13 | 0.125 |
| 55 | 6.7 | 13 | 0.125 |
| 56 | 6.8 | 13 | 0.125 |
| 57 | 6.9 | 13 | 0.125 |
| 58 | 6.10 | 4 | 0.0385 |
| 59 | 6.11 | 4 | 0.0385 |
| 60 | 6.12 | 4 | 0.0385 |
| 61 | 6.13 | 4 | 0.0385 |
| 62 | 6.14 | 4 | 0.0385 |
| 63 | 6.15 | 4 | 0.0385 |
| 64 | 6.16 | 1 | 0.0096 |
| 65 | 6.17 | 1 | 0.0096 |
| 66 | 6.18 | 1 | 0.0096 |
| 67 | 6.19 | 1 | 0.0096 |
| 68 | 6.20 | 1 | 0.0096 |
| 69 | 6.21—7.31 | 0 | 0 |

说明：以第 55 组为例，6 月 7 日这一日期，有 13 人把它划入“期中”界限，占总人数（104）的 12.5%，0.125 则表示 6 月 7 日对“期中”的隶属程度。其余同理，可以类推。

# 英汉人名对照

| | | | |
|---|---|---|---|
| Allan | 阿伦 | Dummett | 杜密特 |
| Allen | 阿伦 | Fillmore | 菲尔莫尔 |
| Anderson | 安德森 | Fine | 菲恩 |
| Barsalou | 巴萨罗 | Frege | 弗莱格 |
| Barwise | 巴外斯 | Geeraerts | 吉利尔特斯 |
| Black | 布莱克 | Gödel | 戈德奥 |
| Blockley | 布洛克雷 | Goguen | 戈根 |
| Bolinger | 博林格 | Gottinges | 高庭斯 |
| Brando | 布朗多 | Grice | 格里斯 |
| Bruner | 布鲁讷 | Guilbaud | 盖尔班德 |
| Budescu | 巴德斯楚 | Hörmann | 霍曼 |
| Burns | 伯恩斯 | Haack | 哈克 |
| Butnariu | 巴特纳如 | Harrinton | 哈林顿 |
| Cann | 坎 | Haspelmath | 黑斯派尔马斯 |
| Caramazza | 卡拉摩扎 | Heider | 黑德 |
| Cavett | 卡维特 | Hempel | 海姆派奥 |
| Chang | 张 | Hersh | 赫释 |
| Chierchia | 彻尔蔡伽 | Hooper | 胡泊 |
| Chomsky | 乔姆斯基 | Hopper | 豪泊 |
| Clark | 克拉克 | Jain | 简恩 |
| Comrie | 康瑞 | Jones | 琼斯 |
| Conway | 康维 | Joyce | 乔伊斯 |
| Cooper | 库柏 | Kamp | 凯姆迫 |
| Coppo | 考泊 | Keenan | 基南 |
| Dimitrov | 迪米乔夫 | Kempson | 凯迫森 |
| Dolan | 多兰 | Kissinger | 基金格 |
| Dubois | 杜波依斯 | Klein | 克林 |

| | | | |
|---|---|---|---|
| Kochen | 寇臣 | Pinkal | 平卡尔 |
| Kong | 孔 | Prince | 普林斯 |
| Kooij | 库伊基 | Prytulak | 帕瑞图拉克 |
| Labov | 拉波夫 | Putnam | 帕特纳姆 |
| Lakoff | 雷可夫 | Rescher | 雷斯切尔 |
| Langacker | 兰格克 | Ross | 罗斯 |
| Lee | 李 | Sadock | 塞道克 |
| Lewis | 刘易斯 | Saitta | 塞塔 |
| Lukasiewicz | 鲁卡斯威克兹 | Sanford | 桑福特 |
| Lyons | 莱昂斯 | Sharkey | 夏凯 |
| Majumder | 马久姆德 | Sinclair | 辛克莱 |
| Mamdani | 马姆达尼 | Smithson | 史密森 |
| Matthews | 马修斯 | Sperber | 司坡伯 |
| McCawley | 麦考利 | Stavi | 斯达维 |
| McConnell – Ginet | 麦考乃尔 – 吉尼特 | Tanaka | 塔纳卡 |
| Meulen | 莫棱 | Taranu | 塔拉努 |
| Meyer | 迈耶 | Thompson | 汤普森 |
| Milroy | 米尔罗伊 | Tuggy | 塔吉 |
| Montague | 蒙太格 | Ullmann | 厄尔曼 |
| Morgan | 摩根 | Uragami | 尤拉伽米 |
| Mosteller | 莫斯泰勒 | Vaina | 外纳 |
| Mostowski | 莫斯托斯基 | Van Benthem | 范本瑟姆 |
| Moxey | 莫克斯 | Van Fraassen | 范弗拉森 |
| Nagel | 纳杰尔 | Wachtel | 韦池泰奥 |
| Newmeyer | 纽迈耶 | Wall | 沃 |
| Nixon R. | 尼克松 | Wallsten | 沃斯坦 |
| Nowakowska | 诺瓦括斯卡 | Wattel | 瓦特奥 |
| Oden | 奥登 | Westerstähl | 韦斯特斯塔奥 |
| Odessa | 敖德萨 | Williamson | 威廉森 |
| Pal | 佩 | Wilson | 威尔森 |
| Palmer | 帕尔默 | Wright | 赖特 |
| Partee | 帕体 | Youtz | 尤兹 |
| Peirce | 皮尔斯 | Zadeh | 查德 |
| Pepper | 帕迫 | Zwicky | 兹维克 |

# 英汉术语对照

| | | | |
|---|---|---|---|
| adaptor | 改变算子 | core/patch | 中心/边缘 |
| alternativeness relation | 选择关系 | degree | 程度性 |
| ambiguity | 歧义 | degree of truth | 等级真值 |
| appropriate round number | 恰当的约数 | denotation | 外延 |
| approximator | 近似化词 | environment | 环境 |
| attentional focus | 注意力焦点 | existential quantifier | 存在量词 |
| Axiomatic Theories | 公理理论 | expression | 表达式 |
| bijection | 双射 | extension | 外延性 |
| bivalence | 二元论 | extensional meaning | 外延 |
| categorical fit | 绝对适合 | floor effect | 量度下限的影响 |
| categorical view | 绝对论 | fuzziness | 模糊 |
| ceiling effect | 量度上限的影响 | fuzzy category identifier | 模糊范畴标志 |
| Chomskyan school | 乔姆斯基派 | Fuzzy – list | 模糊学万维网 |
| class inclusion | 类包含 | Fuzzy Psycho – logic | 模糊心理逻辑学 |
| Co – operative Principle | 合作原则 | generality | 概括 |
| Cognitive Grammar | 认知语法 | Generalized Quantifier Theory | 广义量词理论 |
| Cognitive Linguistics | 认知语言学 | | |
| common noun | 普通名词 | hedges | 限制词 |
| complement set | 补集 | homonymy | 同音异义 |
| compositionality | 组合性 | idiomatic characteristic | 习语性质 |
| connectionist | 连接理论 | idiomaticity | 惯用法 |
| conservativity | 守恒性 | indeterminacy of meaning | 语义不确定 |
| consistency profile | 模糊度剖面图 | induction step | 归纳的步骤 |
| conversational implicature | 话语隐含 | inferential language | 推理语言 |
| cooperativity | 合作 | intensional meaning | 内涵 |

| | | | |
|---|---|---|---|
| island | 岛屿 | Principle of Compositionality | 组合性原则 |
| Law of Excluded Middle | 排中律 | prior expectation | 先前预料 |
| lexical item | 词项 | prototypability | 典型 |
| Linguist – list | 语言学万维网 | prototype theory | 典型集论 |
| linguistic effort | 语言努力 | quantified formula | 量化公式 |
| listener's meaning | 听者的意义 | quantity | 数量性 |
| loose rules | 非严格规则 | reference set | 正集 |
| loose tolerance rules | 软容忍原则 | referential vagueness | 外延含糊 |
| max | 最大值 | relevance theory | 适用性理论 |
| meaning postulates | 意义公设 | rounder | 模糊化算子 |
| median value | 中值 | scale effects | 量度的影响 |
| mental operator | 思维算子 | semantic universals | 语义普遍特征 |
| metalanguage | 元语言 | seme | 义素 |
| metaphor | 隐喻 | sense | 内涵 |
| min | 最小值 | sentence meaning | 句义 |
| Modus Ponens | 波嫩斯式 | shields | 遮掩词 |
| monotone decreasing | 向下单调性 | Sorites paradox | 三段谬论 |
| monotone increasing | 向上单调性 | speaker's meaning | 说者意义 |
| monotonicity | 单调性 | speaker – commitment | 说者对命题真值的许诺 |
| motivated | 有规可循的 | squishes | 果酱性 |
| motivation | 带规律性的变异性 | strength of claim | 肯定的强度 |
| necessary truth | 必然真 | subset | 子集合 |
| non – transitive indiscernibility | 非过渡式难辨性 | super false | 超级假 |
| | | super true | 超级真 |
| nonsense | 无意义的 | superset | 元集合 |
| number approximation | 近似值 | supervaluations | 超级赋值论 |
| outer edges | 边缘处 | syntagmatic | 横组合 |
| paradigmatic | 纵聚合 | tags | 标签 |
| permissible latitudes | 可允许的区间长度 | Tokelauan | 托克劳安语言 |
| | | Truth – conditional Semantics | 真值条件语义学 |
| polysemy | 多义 | | |
| presupposition | 隐含 | universal quantifier | 全称量词 |

| vagueness | 含糊 | verb phrase pro form | 动词词组特有式 |
| variation | 变异性 | word | 词 |

# 参 考 文 献

Aarsleff, H. (1982) *From Locke to Saussure: Essays on the Study of Language and Intellectual History.* London: Athlone.

Aho, A. V. , B. W. Kerninghan & P. J. Weinberger (1988) *The AWK Programming Language.* Addison: Wesley.

Aldridge, M. V. (1982) *English Quantifiers.* England: Avebury Publishing Company.

Allan, K. (1981) 'Interpreting from context'. *Lingua* 53 (2/3): 151—174.

Allen, A. D. (1973) 'A method for evaluating technical journals on the basis of published comments through fuzzy implications: a survey of the major IEEE transactions'. *IEEE Trans. Syst. Man Cybern.* 3: 422—425.

Allwood, J. (1981) 'On the distinction between semantics and pragmatics'. In W. Klein & W. Levelt (eds.) *Crossing the Boundaries of Linguistics.* Dordrecht: Reidel, 177—189.

Altham, J. E. J. (1971) *The Logic of Plurality.* London: Methuen.

Altham, J. E. J. & N. W. Tennant (1975) 'Sortal quantification'. In E. L. Keenan (ed.) *Formal Semantics of Natural Language.* London: Cambridge University Press, 46—58.

Barton, S. B. & A. J. Sanford (1990) 'The control of attributional patterns by the focusing properties of quantifying expressions'. *Journal of Semantics* 7: 81—92.

Barsalou, L. (1987). 'The instability of graded structure: Implications for the nature of concepts'. In U. Neisser (ed.) *Concepts and Conceptual Development: Ecological and Intellectual Factors in Categorization.* Cambridge: Cambridge University Press, 101—140.

Barsalou, L. (1992). 'Frames, concepts and conceptual fields'. In E. Kittay & A. Lehrer (eds.) *Frames, Fields, and Contrasts: New Essays in Semantic and Lexical Organization.* Hillsdale NJ: Lawrence Erlbaum, 21—74.

Barwise, J. & R. Cooper (1981) 'Generalized quantifiers and natural language'. *Linguistics and Philosophy* 4: 159—219.

Belnap, N. D. Jr (1977) 'A useful four - valued logic'. In M. Dunn & G. Epstein (eds.) *Modern Uses of Multiple - valued Logic.* Dordrecht: Reidel, 5—37.

Black, M. (1937) 'Vagueness'. *Philosophy of Science* 4: 427—455.

Black, M. (1949) *Language and Philosophy*. Ithaca: Cornell University Press.

Black, M. (1963) 'Reasoning with loose concepts'. *Dialogue* 2: 1—12.

Blockley, D. I. (1975) 'Predicting the likelihood of structural accidents'. *Proc. Inst. Civ. Eng.*, 59 (Part 2), 659—668.

Blockley, D. I. (1978) 'Analysis of subjective assessments of structural failures'. *Int. J. man – Mach. Stud.* 10: 185—195.

Bochvar, D. A. (1939) 'On a three – valued logic calculus and its application to the analysis of contradictories'. *Matematicheskii Sbornik* 4: 287—308.

Bolinger, D. (1961a) 'Syntactic blends and other matters'. *Language* 37: 366—381.

Bolinger, D. (1961b) *Generality, Gradience, and the All – or – none*. The Hague: Mouton & CO. N. V..

Bolinger D. (1972) *Degree Words*. The Hague: Mouton & CO. N. V..

Borges, M. A. & B. K. Sawyers (1974) 'Common verbal quantifiers usage and interpretation'. *Journal of Experimental Psychology* 102: 335—338.

Brown, J. (1979) 'Vocabulary: learning to be imprecise'. *Modern English Teacher* 7 (1): 25—27.

Bruner, J. S. (1973) 'Beyond the Information Given: Studies in the Psychology of Knowing.' New York: Norton and Company.

Budescu, D. V. & T. S. Wallsten (1985) 'Consistency in interpretation of probabilistic phrases'. *Organizational Behaviour and Human Decision Processes* 36: 391—405.

Budescu, D. V. & T. S. Wallsten (1987) 'Subjective estimation of precise and vague uncertainties'. In G. Wright & P. Ayton (eds.) *Judgmental Forecasting*. Chichester: John Wiley & Sons Ltd, 63—82.

Budescu, D. V. & T. S. Wallsten (1990) 'Dyadic decisions with numerical and verbal probabilities'. *Organizational Behaviour and Human Decision Processes* 46: 240—263.

Budescu, D. V., R. Zwick, T. S. Wallsten, & I. Erev (1990) 'Integration of linguistic probabilities'. *International Journal of Man – Machine Studies* 33: 657—676.

Burns, L. C. (1991) *Vagueness—An Investigation into Natu-ral Languages and the Sorites Paradox*. Dordrecht: Kluwer Academic Publishers.

Butnariu, D. (1977) 'L – fuzzy automata – description of a neural model'. In J. Rose & C. Bilciu (eds.) *Modern Trends in Cybernetics and Systems* (Vol 2). New York: Springer – verlag, 119—124.

Cann, R. (1993) *Formal Semantics*. Cambridge (U. K.): Cambridge University Press.

Carnap, R. (1952) 'Meaning Postulates'. *Philosophical Studies* 3: 65—73.

Chang, S. K. (1971) 'Picture – processing grammar and its application'. *Infor-*

mation Science 3: 121—148.

Channell, J. (1980) 'More on approximations: a reply to Wachtel'. *Journal of Pragmatics* 4: 461—476.

Channell, J. (1983) *Vague Language: Some Vague Expressions in English.* Ph. D. thesis, Department of Language, University of York, U. K.

Channell, J. (1994) *Vague Language.* Oxford: Oxford University Press.

Chao, Y. R. (1959) 'Ambiguity in Chinese'. *Sudia Serica Bernhard Karlgren Dedicata* (Copenhagen). Also appeared in *Aspects of Chinese Sociolinguistics.* Stanford (1976).

Chierchia, G. & S. McConnell – Ginet (1990) *Meaning and Grammar: an Introduction to Semantics.* Cambridge (Mass): The MIT Press.

Chomsky, N. (1957) *Syntactic Structures.* The Hague: Mouton and Company.

Clark, D. A. (1990) 'Verbal uncertainty expressions: a critical review of two decades of research'. *Current Psychology: Research and Review* 9 (3): 203—235.

Clark, H. H. (1978) 'Inferring what is meant'. In W. J. M. Levelt & G. B. R. d'Arcais (eds.) *Studies in the Perception of Language.* Chichester: Wiley.

Clark, H. H. (1990) "Comment on F. Mosteller, & C. Youtz 'Quantifying probabilistic expression' ". *Statistical Science* 5: 2—34.

Clark, H. H. (1991) 'Words, the world, and their possibilities'. In G. R. Lockhead & J. R. Pomerantz (eds.) *The Perception of Structure: Essays in Honor of Wendell R. Garner.* Washington DC: American Psychological Association.

Cliff, N. (1957). 'Adverbs as multipliers'. *Psychological Review* 66: 27—44.

Cohen, B. L. (1986) *The effect of outcome desirability of comparisons of linguistic and numerical probabilities.* MA thesis, University of North Carolina at Chapel Hill, U. S. A..

Coleman, L. & P. Kay (1981) 'Prototype semantics: the English verb lie '. *Language* 57: 26—44.

Collins, A. (1978) 'Fragments of a theory of human plausible reasoning' In D. Waltz (ed.) TINLAP – 2 *Theoretical Issues in Natural Language Processing* – 2. Urbana, II: University of Illinois, U. S. A..

Comrie, B. (1989) *Language Universals and Linguistic Typology.* Oxford: Blackwell.

Copilowish, I. M. (1939) 'Border – line cases, vagueness, and ambiguity'. *Philosophy of Science* 6: 181—195.

Coppo, M. & L. Saitta (1976) 'Semantic support for a speech – understanding system, based on fuzzy relations'. *Proceedings of International Conference for Cybernetics Society.* Washington D. C. , 520—524.

Crystal, D. & D. Davy (1975) *Advanced Conversational English.* London: Longman.

Crystal, D. (1991) *A Dictionary of Linguistics and Phonetics.* Oxford: Blackwell Publisher.

Danell, K. S. (1978) 'The concept of vagueness in linguistics: some methodological reflections of a non – specialist'. *Studia Neophilologica* 50: 3—24.

De Swarts, H. E. (1991) *Adverbs of Quantification: A Generalized Quantifier Approach*. PhD thesis. Department of Dutch, Rijksuni – versiteit Groningen, The Netherlands.

Deese, J. (1965) *Structure of Associations in Language and Thought*. Baltimore: John Hopkins Press.

Deese, J. (1974) 'Towards a psychological theory of the meaning of the sentences'. In A. Silverstein (ed.) *Human Communication: Theoretical Explorations*. New Jersey: Lawrence Erlbaum Assoc. Hillsdale.

Dimitrov, V. (1977) 'Social choice and self – organization under fuzzy management'. *Kybernetes* 6: 153—156.

Dolan, M. G. (1989) *Tensor Manipulation Networks: Connectionist and Symbolic Approaches to Comprehension, Learning and Planning*. PhD thesis, Computer Science Department, University of California at Los Angeles.

Dowty, D. R. *et al* (1981) *Introduction to Montague Semantics*. Dordrecht: D. Reidel Publishing Company.

Dubois, D. (1978) 'An application of fuzzy sets theory to bus transportation network modification'. *Proceedings of Joint Automat. Control Conference*. Philadelphia, U. S. A..

Dubois, D. & H. Prade (1980) *Fuzzy Sets and Systems: Theory and Applications*. New York: Academic Press.

Fillenbaum, S., T. S. Wallsten, B. Cohen & J. A. Cox (1987) 'Some effects of available vocabulary and communication task on the understanding and use of non – numerical probability expressions' (Report No. 177). Chapel Hill, NC: University of North Carolina, L. L. Thurstone Psychometric Laboratory.

Fillmore, C. J. (1977a) 'Scenes – and – frames semantics'. In A. Zampolli (ed.) *Linguistic Structure Processing*. Amsterdam: North Holland.

Fillmore, C. J. (1977b) 'Topics in lexical semantics'. In R. W. Cole (ed.) *Current Issues in Linguistic Theory*. Bloomington: Indiana University Press.

Fine, K. (1975) 'Vagueness, truth, and logic'. *Syntheses* 30: 265—300.

Fodor, J. D. (1977) *Semantics: Theories of Meaning in Generative Grammar*. Hassocks: Harvester.

Frege, G. (1970) 'Grundgesetze der Arithmetic'. In Geach and Black (eds.) *Selections from Philosophical Writings of Gotlob Frege* (Vol II, Section 56). Oxford: Blackwell.

Fuhrmann, G. (1988) 'M – fuzziness in brain/mind modeling'. In T. Zètènyi (ed.) *Fuzzy Sets in Psychology*. Elsevier Science Publishers B. V., 155—202.

Gazdar, G. (1979a) 'A solution to the projection problem'. In C. K. Oh & D.

Dinneen ( eds. ) *Syntax and Semantics: Presupposition ( Vol II ). New York: Academic Press*, 57—90.

Gazdar, G. ( 1979b ) *Pragmatics: Implicature, Presupposition and Logical Form.* New York: Academic Press.

Geeraerts, D. ( 1993 ) 'Vagueness's puzzles, polysemy's vagaries'. *Cognitive Linguistics* 4 (3): 223—272.

Goguen, J. A. ( 1968/1969 ) 'The logic of inexact concepts'. *Syntheses* 19: 325—373.

Goguen, J. A. ( 1975 ) 'On fuzzy robot planning'. In L. A. Zadeh *et al* ( eds. ) *Fuzzy Sets and Their Applications to Cognitive and Decision Processes.* Academic Press: New York, 429—447.

Goocher, B. E. ( 1965 ) 'Effects of attitude and experience on the selection of frequency adverbs'. *Journal of Verbal Learning and Verbal Behaviour* 4: 193—195.

Gottinger, H. W. ( 1973 ) 'Competitive processes: application to urban structures'. *Cybernetics* 16 (3): 177—197.

Grice, H. P. ( 1967 ) 'Logic and conversation'. ms.

Grice, H. P. ( 1975 ) 'Logic and conversation'. In P. Cole & J. L. Morgan ( eds. ) *Syntax and Semantics* 3: *Speech Acts.* New York: Academic Press, 41—58.

Guilbaud, G. ( 1977 ) 'Mathematics and approximation'. In H. Asher & H. Kunle ( eds. ) *Proceedings of the Third International Conference on Mathematics Education.*

Haack, S. ( 1996 ) *Deviant Logic,*

*Fuzzy Logic.* Chicago: The University of Chicago Press.

Hakel, M. D. ( 1968 ) 'How often is often?'. *American Psychologist* 23: 533—534.

Harnish, R. M. ( 1979 ) 'Logical form and implicature'. In K. Bath & R. M. Harnish ( eds. ) *Linguistic Communication and Speech Acts* 19. Cambridge ( Mass. ): The MIT Press, 313—391.

Harrinton, M. ( 1994 ) *Motivation in the mental lexicon.* PhD thesis, Programme in Experimental Psychology, University of California, Santa Cruz, U. S. A. .

Heider, E. R. ( 1971 ) 'On the Internal Structure of Perceptual and Semantic Categories'. Berkeley: University of California, ms.

Hempel, C. G. ( 1939 ) 'Vagueness and logic'. *Philosophy of Science* 6: 163—180.

Hersh, H. M. & A. Caramazza ( 1976 ) 'A fuzzy set approach to modifiers and vagueness in natural language'. *Journal of Experimental Psychology* 105 (3): 254—276.

Higginbotham, J. & R. May ( 1981 ) 'Questions, quantifiers and crossing'. *The Linguistic Review* 1: 41—49.

Hooper, R. ( 1994 ) 'Type and instance nominalizations in Tokelauan'. Paper presented at the Linguistic Circle (27th Jan. ), the University of Edinburgh, U. K. .

Hopper, P. J. & S. A. Thompson ( 1985 ) 'The iconicity of the universal categories *noun* and *verb*'. In J. Heiman ( ed. ) *Iconicity in Syntax.* Amsterdam: John Benjamins.

Hörmann, H. (1982) 'Hidden determinants of understanding'. In J – F. Le Ny & W. Kintsch ( eds. ) *Language and Comprehension.* Amsterdam: North – Holland.

Hörmann, H. (1983) 'The calculating listener or how many are einige, mehrere, and ein paar ( some, several and a few)?'. In R. Bauerle, C. Schwarze, & A. von Stechow ( eds. ) *Meaning, Use and Interpretation of Language.* Berlin: Walter de Gruyter.

Hornby A. S. *et al* ( 1948 ) *The Advanced Learner's Dictionary of Current! English.* Oxford: Oxford University Press.

Hurford, J. R. ( 1974 ) 'Exclusive or inclusive disjunction'. *Foundations of Language* 11: 409—411.

Jain, R. & H. H. Nagel (1977) 'Analyzing a real – world scene sequence using fuzziness'. *Proceedings IEEE Conference on Decision Control.* New Orleans, 1367—1372.

Johnson – Laird, P. N. (1983) *Mental Models.* Cambridge ( U. K. ): Cambridge University Press.

Jones, A. (1974) 'Towards the right solution'. *Int. J. Math. Educ. Sci. Technol.* 5: 337—357.

Jones, L. V. & L. L. Thurstone (1955) 'The psychophysics of semantics: an experimental investigation' *The Journal of Applied Psychology* 39 (1): 31—36.

Jones, W. T. (1976) 'A fuzzy set characterization of interaction in scientific research'. *J. Am. Soc. Inf. Sci.* ( Sept. /

Oct. ): 307—310.

Joyce, J. ( 1976 ) 'Fuzzy sets and the study of linguistics'. *Pac. Coast Philol.* 11: 39—42.

Kamp, H. (1981) 'A theory of truth and discourse representation'. In J. Groenendijk, T. Janssen, & M. Stokhof ( eds. ) *Formal Methods in the Study of Language.* Amsterdam: Mathematical Centre Tracts, 135.

Kamp, J. A. W. (1975) 'Two theories about adjectives'. In E. Keenan ( ed. ) *Formal Semantics of Natural Language.* Cambridge ( U. K. ): Cambridge University Press.

Kay, P. & C. K. McDaniel ( 1978 ) 'The linguistic significance of the meanings of basic colour terms'. *Language* 54: 610—646.

Keenan, E. L. & J. Stavi ( 1986 ) 'A semantic characterization of natural language determiners'. *Linguistics and Philosophy* 9: 253—326.

Kempson, R. M. ( 1977 ) *Semantic Theory. Cambridge* ( U. K. ): Cambridge University Press.

Klein, E. ( 1980 ) 'A semantics for positive and comparative adjectives'. *Linguistics and Philosophy* 4: 1—45.

Klopp, A. von ( 1993 ) *Negation: Implications for Theories of Natural Language Processing.* PhD thesis. Center for Cognitive Science, University of Edinburgh, U. K..

Kochen, M. (1975) 'Applications of fuzzy sets in psychology'. In L. A. Zadeh *et al* ( eds. ) *Fuzzy Sets and Their Applica-*

tions to Cognitive and Decision processes. New York: Academic Press, 395—408.

Kong, A., G. O. Barnett, F. Mosteller, & C. Youtz (1986) 'How medical professionals evaluate expressions of probability'. *The New England Journal of Medicine* 315 (12): 740—744.

Kooij, J. G. (1971) *Ambiguity in Natural Language.* Amsterdam: North – Holland Publishing Company.

Labov, W. (1973) 'The boundaries of words and their meanings', In C. J. Bailey & R. W. Shuy (eds.) *New Ways of Analyzing Variation in English.* Washington DC: Georgetown University Press, 340—373.

Labov, W. (1978) 'Denotational structure'. *Papers from the Parasession on the Lexicon. Chicago Linguistic Society,* 220—260.

Labov, W. (1985) 'Several logics of quantification'. In M. Wiepokuj *et al* (eds.) *Proceedings of the 11th Annual Meeting of the Berkeley Linguistics Society.* Berkeley: Berkeley Linguistics Society.

Lakoff, G. (1970a) 'A note on vagueness and ambiguity'. *Linguistic Inquiry* 1 (3): 357—359.

Lakoff, G. (1970b) 'Repartee, or a reply to negation, conjunction and quantifiers'. *Foundations of Language* 6: 389—422.

Lakoff, G. (1973a) 'Hedges: a study in meaning criteria and the logic of fuzzy concepts'. *Journal of Philosophical Logic* 2: 458—508.

Lakoff, G. (1973b) 'Fuzzy grammar and the performance/ competence terminology game'. In P. Peranteau *et al* (eds.) *Papers from the Ninth Regional Meeting of Chicago Linguistic Society.* Chicago: University of Chicago, 271—291.

Lakoff, G. (1975) 'Pragmatics in natural logic'. In E. L. Keenan (ed.) *Formal Semantics of Natural Language.* Cambridge (U. K.): Cambridge University Press, 253—286.

Lakoff, G. (1987) *Women, Fire, and Dangerous Things: What Categories Reveal about the Mind.* Chicago: University of Chicago Press.

Landy, F. J. & J. L. Farr (1980) 'Performance rating'. *Psychological Bulletin* 87: 72—107.

Langacker, R. W. (1987) *Foundations of Cognitive Grammar* (Vols I and II). Stanford: Stanford University Press.

Langacker, R. W. (1991) *Concept, Image, and Symbol: the Cognitive Basis of Grammar.* Mouton de Gruyter.

Langedoen, D. T. (1970) *Essentials of English Grammar.* New York: Holt, Rinehart & Winston, Inc.

Lee, S. C. & E. T. Lee (1974) 'Fuzzy sets and neural networks'. *Journal of Cybernetics* 4 (2): 83—103.

Lewis, D. (1981) 'Index, context and content'. In Kanger & Ohman (eds.) *Philosophy and Grammar,* 79—101.

Lyons, J. (1981) *Language and Linguistics.* Cambridge (U. K.): Cambridge University Press.

Lyons, J. (1986) *Language, Meaning and Context*. Suffolk: Fontana Paperbacks.

Margalit, A (1976) 'Vagueness in vogue'. *Syntheses* 33: 211—221.

Matthews, P. H. (1981) *Syntax*. Cambridge (U. K.): Cambridge University Press.

May, R. (1985) *Logical Form——Its Structure and Derivation*. Cambridge (Mass.): The MIT Press.

McCawley, J. D. (1981) *Everything that Linguists have always Wanted to Know about Logic*. Oxford: Basil Blackwell.

McConnell – Ginet, S. (1989) 'The construction of meaning: formal semantics and vagueness'. Department of Modern Languages and Linguistics, Cornell University, U. S. A.. ms.

Meyer, C. F. (1992) *Apposition in Contemporary English*. Chicago: University of Chicago Press.

Milroy, L. (1984) 'Comprehension and context; successful communication and communicative breakdown'. In P. Trudgill (ed.) *Applied Sociolinguistics*. London: Academic Press.

Montague, R. (1974) 'The proper treatment of quantification in ordinary English'. In R. H. Thomason (ed.) *Formal Philosophy: Selected Papers of Richard Montague*. New Haven: Yale University Press, 247—270.

Moore, T. (1993) 'Private minds, public language: Locke's inquiryinto meaning'. Paper presented at the seminar of the Center for Cognitive Science and HCRC, the University of Edinburgh, U. K.

Morgan, J. (1972) 'Verb agreement as a rule of English'. In P. Peranteau *et al* (eds.) *Papers from the Eighth Regional Meeting of Chicago Linguistic Society*. Chicago: University of Chicago, 278—286.

Morgan, C. J. & F. J. Pelletier (1977) 'Some notes concerning fuzzy logics'. *Linguistics and Philosophy* 1: 79—98.

Mosier, C. I. (1941) 'A psychometric study of meaning'. *Journal of Social Psychology* 13: 123—140.

Mosteller, F. & C. Youtz (1990) 'Quantifying probabilistic expressions'. *Statistical Science* 5: 2—34.

Mostowski, A. (1957) 'On a generalization of quantifiers'. *Fundamental Mathematics* 44: 12—36.

Moxey, L. M. (1986) *A Psychological Investigation of the Use and Interpretation of English Quantifiers*. Ph. D thesis, Department of Psychology, University of Glasgow, U. K.

Moxey, L. M. & A. J. Sanford (1987) 'Quantifiers and focus'. *Journal of Semantics* 5: 189—206.

Moxey, L. M. , A. J. Sanford & S. B. Barton (1990) 'Control of attentional focus by quantifiers'. In K. J. Gilhooly, M. T. G. Keane, R. H. Logie & G.

Erdos (eds. ) *Lines of Thinking* (1). Chichester: Wiley.

Moxey, L. M. (1991a) 'Expectation and the interpretation of quantifiers'. Department of Psychology, University of Glasgow, U. K. . ms.

Moxey, L. M. & A. J. Sanford (1991b) 'Context effects and the communicative functions of quantifiers: Implications for their use in attitude research'. In N. Schwarz & S. Sudman (eds. ) *Context Effects in Social and Psychological Research*. New York: Springer – Verlag.

Moxey, L. M. & A. J. Sanford (1993a) 'Prior expectation and the interpretation of natural language quantifiers'. *European Journal of Cognitive Psychology* 5 (1): 73—91.

Moxey, L. M. & A. J. Sanford (1993b) *Communicating Quantities—— A Psychological Perspective*. Hove (U. K. ): Lawrence Erlbaum Associates Ltd.

Moxey, L. M. , A. J. Sanford & G. Grant (1993) 'Scenario characteristics and the interpretation of quantified statement'. Department of Psychology, University of Glasgow, U. K. . ms.

Negoita, C. V. (1984) *Fuzzy Systems and Expert Systems*. New York: Benjamin Cummings.

Newmeyer, F. J. (1986) *Linguistic Theory in America*. New York: Academic Press.

Newstead, S. E. (1988) 'Quantifi-

ers as fuzzy concepts'. In T. Zètènyi (ed. ) *Fuzzy Sets in Psychology*. Elsevier Science Publishers B. V. , 51—72.

Newstead, S. E. & J. M. Collis (1987) 'Context and the interpretation of quantifiers of frequency'. *Ergonomics* 30: 1447—1462.

Newstead, S. E. & R. A. Griggs (1984) 'Fuzzy quantifiers as an explanation of set inclusion performance'. *Psychological Research* 46: 377—388.

Norwich, A. M. & I. B. Turksen (1982) 'The fundamental measurement of fuzziness'. In R. R. Yager (ed. ) *Fuzzy Set and Possibility Theory*. New York: Pergamon Press, 49—60.

Norwich, A. M. & I. B. Turksen (1984) 'A model for the measurement of membership and the consequences of its empirical implementation'. *Fuzzy Sets and Systems* 12: 1—25.

Nowakowska, M. (1976) 'Towards a formal theory of dialogues'. *Semiotica* 17: 291—313.

Oden, G. C. (1977a) 'Integration of fuzzy logical information'. *Journal of Experimental Psychology: Human Perception and Performance* 3 (4): 565—575.

Oden, G. C. (1977b) 'Fuzziness in semantic memory: Choosing exemplars of subjective categories'. *Memory and Cognition* 5: 198—204.

Oden, G. C. & N. H. Anderson (1974) 'Integration of semantic constraints'. *Journal of Verbal Learning and Verbal Behaviour* 13:

138—148.

Pal, S. K. & D. D. Majumder (1978) 'Effect of fuzzification and the plosive cognition system'. *International Journal of Systems Science* 9: 873—886.

Parducii, A. (1968) 'Often is often'. *American Psychologist* 23: 828.

Partee, B. (1979) 'Semantics——Mathematics or Psychology'. In R. Bäuerle, U. Egli & A. von Stechow (eds.) *Semantics from Different Points of View*. New York: Springer – Verlag, 1—14.

Partee, B. (1984) 'Compositionality'. In F. Landman & F. Veltman (eds.) *Varieties of Formal Semantics* (Proceedings of the Fourth Amsterdam Colloquium). Dordrecht: Foris Publications, 281—311.

Partee, B., A. Meulen & R. Wall (1990) *Mathematical Methods in Linguistics*. Dordrecht: Kluwer Academic Publishers.

Paterson, K. (1993) 'The immediacy of situation – based inferences in quantified texts'. Paper presented at the *International Conference on the Psychology of Language and Communication*. University of Glasgow, U. K. .

Peirce, C. S. (1911) 'Vagueness'. In J. M. Baldwin (ed.) *Dictionary of Philosophy and Psychology* (Vol. II). New York: Macmillan.

Pepper, S. (1981) 'Problems in quantification of frequency expressions'. In D. Fiske (ed.) *New Direction for Methodology of Social and Behavioural Science* 9.

Pepper, S. & L. S. Prytulak (1974) 'Sometimes frequently means seldom: context effects in the interpretation of quantitative expressions'. *Journal of Research in Personality* 8: 95—101.

Pinkal, M. (1983) 'Towards a semantics of precization'. In T. Ballmer & M. Pinkal (eds.) *Approaching Vagueness*. Amsterdam: North – Holland.

Pinkal, M. (1984) 'Consistency and context change: the sorites paradox'. In F. Landman & F. Veltman (eds.) *Varieties of Formal Semantics*. Dordrecht: Foris.

Pinkal, M. (1987) 'Imprecise concept and quantification'. *Linguistics and Philosophy* 4: 1—45.

Poulton, E. C. (1973) 'Unwanted range effects from using within – subject experimental designs'. *Psychological Bulletin* 80 (2): 113—121.

Powell, M. J. (1985) 'Purposive vagueness: an evaluative dimension vague quantifying expressions'. *Journal of Linguistics* 21: 31—50.

Prince, E. F., J. Frader & C. Bosk (1980) 'On hedging in physician – physician discourse'. Paper presented at the AAAL Symposium on Applied Linguistics in Medicine. San Antonio, TX.

Putnam, H. (1975) *Mind, Language, and Reality*. Cambridge (U. K.): Cambridge University Press.

Quirk, R., S. Greenbaum, G. Leech, &

J. Svartvik (1972) *A Grammar of Contemporary English*. London: Longman.

Rapoport A., T. Wallsten, & J. Cox (1987) 'Direct and indirect scaling of membership functions of probability phrases'. *Mathematical Modelling* 9: 397—417.

Rescher, N. (1969) *Many – valued Logic*. New York: McGraw – Hill.

Richards, J., J. Platt & H. Weber (1985) *Longman Dictionary of Applied Linguistics*. Essex: Longman.

Rieger, B. B. (1981) *Empirical Semantics*. Bochum: Studienverlag Dr. N. Brockmeyer.

Rosch, E. (1973) 'On the internal structure of perceptual and semantic categories'. In T. E. Moore (ed.) *Cognitive Development and the Acquisition of Language*. New York: Academic Press.

Rosch, E. (1975a) 'Cognitive representations of semantic categories'. *Journal of Experimental Psychology* 104: 192—233.

Rosch, E. (1975b) 'Cognitive reference points'. *Cognitive Psychology* 7: 532—547.

Rosch, E. & C. B. Mervis (1975) 'Family resemblances: studies of the internal structure of categories'. *Cognitive Psychology* 7: 573—605.

Rosch, E., C. B. Mervis, D. M. Johnson & P. Boyes – Braem (1976) 'Basic objects in natural categories'. *Cognitive Psychology* 8: 382—439.

Rosch, E. & B. Lloyd (1978) *Cognition and categorisation*. New York: Lawrence Erlbaum.

Ross, J. R. (1972) 'The category squish: endstation hauptwort'. In P. Peranteau *et al* (eds.) *Papers from the Eighth Regional Meeting of Chicago Linguistic Society*. Chicago: University of Chicago.

Ross, J. R. (1973) 'A fake NP squish'. In C. J. Bailey & R. W. Shuy (eds.) *New Ways of Analyzing Variation in English*. Washington D. C: Georgetown University Press, 96—140.

Routh, D. (1994) 'On representations of quantifiers'. *Journal of Semantics* 10: 199—214.

Russell, B. (1923) 'Vagueness'. *Australian Journal of Psychology and Philosophy* 1: 84—92.

Sadock, J. M. (1977) 'Truth and approximations'. *Berkeley Linguistic Society Papers* 3: 430—439.

Sadock, J. M. (1981) 'Almost'. In P. Cole (ed.) *Radical Pragmatics*. New York: Academic Press, 257—271.

Sainsbury, R. M. (1991) *Concepts without boundaries*. Department of Philosophy, King's College, University of London. Monograph.

Sanford, D. H. (1976) 'Competing semantics of vagueness: many values versus super – truth'. *Syntheses* 33: 195—210.

Sanford, A. J., L. M. Moxey, & K. Paterson (1994) 'Psychological studies of quantifiers'. *Journal of Semantics* 10: 153—170.

Sanford, A. J. & L. M. Moxey (1995)

'The psychological treatment of quantifiers'. ms.

Schmidt, C. (1974) 'The relevance to semantic theory of a study of vagueness'. *Chicago Linguistic Society Papers* 10: 617—630.

Sharkey, N. E. (1990) 'A connectionist model of text comprehension'. In D. A. Balota, G. B. Flores d'Arcais, & K. Rayner (eds.) *Comprehension Processes in Reading.* Hillsdale, NJ: Lawrence Erlbaum Associates Inc.

Sjöberg, L. (1980) 'Similarity and correlation'. In E. J. Lantermann & H. Feger (eds.) *Similarity and Choice.* Bern: Hans Huber, 70—87.

Simpson, R. H. (1944) 'The specific meanings of certain terms indicating differing degrees of frequency'. *Quarterly Journal of Speech* 30: 328—330.

Smithson, M. (1987) *Fuzzy Set Analysis for Behavioral and Social Sciences.* New York: Springer – Verlag.

Smithson, M. (1988) 'Possibility theory, fuzzy logic, and psychologi – cal explanation'. In T. Zètènyi (ed.) *Fuzzy Sets in Psychology.* Elsevier Science Publishers B. V., 1—50.

Sorensen, R. A. (1990) 'Process vagueness'. *Linguistics and Philoso – phy* 13: 589—618.

Sperber D. & Wilson D. (1986). *Relevance: Communication and Cognition.* Oxford: Blackwell (second edition 1995).

Sperber D. & Wilson D. (1998). 'The mapping between the mental and the public lexicon'. In P. Carruthers & J. Boucher (eds.) *Language and Thought: Interdisciplinary Themes.* Cambridge: Cambridge University Press, 184—200.

Sperber D. & Wilson D. (2002) 'Pragmatics, modularity and mind – reading'. *Mind and Language* 17: 3—23.

Taranu, C. (1977) 'The economic efficiency——a fuzzy concept'. In J. Rose & C. Bilciu (eds.) *Modern Trends in Cybernetics and Systems* (Vol II). New York: Springer – verlag, 163—173.

Taylor, J. (1989) *Linguistic Categorization.* Oxford: Oxford University Press.

Teigen, K. H. (1988a) "When are low – probability events judged to be 'probable'? Effects of outcome – set characteristics on verbal probability estimates". *Acta Psychologica* 68: 157—174.

Teigen, K. H. (1988b) 'The language uncertainty'. *Acta Psychologica* 68: 27—38.

Tuggy, D. (1993) 'Ambiguity, polysemy, and vagueness'. *Cognitive Linguistics* 4 (3): 273—290.

Tye, M. (1989) 'Supervaluationism and the law of excluded middle'. *Analysis* (June).

Tye, M. (1990) 'Vague objects'. *Mind* 99 (396): 535—557.

Ullmann, S. (1962) *Semantics.* Oxford: Blackwell.

Uragami, M., M. Mizumoto, & K.

Tanaka ( 1976 ) 'Fuzzy Robot Controls'. *Journal of Cybernetics* 6: 39—64.

Vaina, L. (1978) "Semiotics of 'with'". *Versus Quad. Studi Semiot.* 19.

Van Benthem, J. (1982) 'The logic of semantics'. In F. Landman & F. Veltman (eds.) *Varieties of Formal Semantics* (Proceedings of the Fourth Amsterdam Colloquium). Dordrecht: Foris Publications, 55—80.

Van Benthem, J. (1984) 'Questions about quantifiers'. *Journal of Symbolic Logic* 49: 443—466.

Van Benthem, J. (1986) *Essays in Logical Semantics*. Dordrecht: D. Reidel Publishing Company.

van der Henst, J. – B., Carles, L. & Sperber D. (forthcoming) 'Truthfulness and relevance in telling the time'. To appear in *Mind and Language*.

Van Fraassen, B. (1966) 'Singular terms, truth – value gaps, and free logics'. *Journal of Philosophy* 63: 481—495.

Van Fraassen, B. (1969) 'Presuppositions, supervaluations and free logic'. In K. Lambert (ed.) *The Logical Way of Doing Things*. New Haven: Yale University Press.

Van Fraassen, B. (1971) *Formal Semantics and Logic*. Macmillan.

Wachtel, T. (1980) 'Pragmatic approximations'. *Journal of Pragmatics* 4: 201—211.

Wachtel, T. (1981) 'Distinguishing between approximations'. *Journal of Prag-matics* 5: 311—322.

Wallsten, T. S., D. V. Budescu, A. Rapoport, R. Zwick, & B. Forsyth (1986a) 'Measuring the vague meanings of probability terms'. *Journal of Experimental Psychology: General* 115: 348—365.

Wallsten, T. S., S. Fillenbaum & J. A. Cox (1986b) 'Base rate effects on the interpretations of probability and frequency expressions'. *Journal of Memory and Language* 25: 571—587.

Wallsten, T. S., D. V. Budescu, & I. Erev (1988) 'Understanding and using linguistic uncertainties'. *Acta Psychologica* 68: 39—52.

Wallsten, T. S., D. V. Budescu (1990) 'Comment'. *Statis-tical Science* 5: 23—26.

Webber, B. L. (1978) 'Jumping ahead of the speaker: on recognition from indefinite descriptions'. Paper presented at the Sloan Workshop on Indefinite Reference. University of Massachusetts (Amherst), U. S. A..

Westerståhl, D. (1985) 'Logical constants in quantifier languages'. *Linguistics and Philosophy* 5: 387—413.

Westerståhl, D. (1989) 'Quantifiers in formal and natural languages'. In D. Gabbay & F. Guenthner (eds.) *Handbook of Philosophical Logic* 4: 1—131.

Wierzbicka, A. (1986) 'Precision in vagueness: the semantics of English "approximative"'. *Journal of Pragmatics* 10:

597—614.

Williamson, T. (1996) *Vagueness*. London: Routledge.

Wilson D. & Sperber D. (2002). 'Relevance theory'. To be appear in Ward G & Horn L (eds.) *Handbook of Pragmatics*. Oxford: Blackwell.

Zadeh, L. A. (1965) 'Fuzzy sets'. *Information and Control* 8: 338—353.

Zadeh, L. A. (1971) 'Quantitative fuzzy semantics'. *Information Sciences* 3: 159—176.

Zadeh, L. A. (1972) 'A fuzzy - set - theoretic interpretation of hedges'. *Journal of Cybernetics* 2: 4—34.

Zadeh, L. A. (1973a) 'Outline of a new approach to the analysis of complex systems and decision processes'. *IEEE Transactions on Systems, Man, and Cybernetics* SMC - 3: 28—44.

Zadeh, L. A. (1973b) 'A system - theoretic view of behaviour modification'. In H. Wheeler (ed.) *Beyond the Punitive Society*. San Francisco & California: Freeman, 160—169.

Zadeh, L. A. (1975a) 'The concept of a linguistic variable and its application to approximate reasoning (Ⅲ)'. *Information Science* 9: 43—80.

Zadeh, L. A. (1975b) 'Foreword' to A. Kaufmann (ed.) *Introduction to the Theory of Fuzzy Subsets*'. New York: Academic Press.

Zadeh, L. A. (1980) 'Fuzzy sets and probability'. *Proceedings of IEEE* 68: 421—430.

Zadeh, L. A. (1982) 'A note on prototype theory and fuzzy sets'. *Cognition* 12: 291—297.

Zadeh, L. A. (1983) 'A computational approach to fuzzy quantifiers in natural language'. *Computer and Mathematics with Applications* 9 (1): 149—184.

Zadeh, L. A. (1984) 'Making computers think like people'. IEEE Spectrum: 26—32.

Zhang, Q. (1998) 'Fuzziness - Vagueness - Generality - Ambiguity'. *Journal of Pragmatics* 29 (1): 13—31.

Zhang, Q. G. (1996). *The Semantics of Fuzzy Quantifiers*. China Wenlian Pudlishing House, Beijing.

Zimmer, A. C. (1983) 'Verbal versus numerical processing of subjective probabilities'. In R. W. Scholz (ed.) *Decision Making under Uncertainty*. Amsterdam: North - Holland.

Zimmermann, H. J. (1985) *Fuzzy Set Theory and Its Applications*. Boston: Kluwer - Nijhoff Publishing.

Zwarts, F. (1984) 'Determiners: a relational perspective'. In M. Cobler *et al* (eds.) *West Coast Conference on Formal Linguistics* (3). Stanford: The Stanford Linguistics Association.

Zwarts, F. (1991) 'The syntax and semantics of negative polarity'. Centre for Behavioural, Cognitive and Neuro - sciences, University of Groningen. ms.

Zwicky, A. M. & Sadock, J. M. (1975)

'Ambiguity tests and how to fail them'. In J. P. Kimball (ed.) *Syntax and Semantics*. New York: Academic Press, 1—36.

Préparépar L'Institut Ricci (1976). *Dictionnaire Français de la Langue Chinoise*.

Д. Н. Чашков (1939). Толковый словарь Русского Языка. Государственное Издательство Иностранныхи Толковых Словарей.

符达维 (1990) "模糊语义问题辨述",《中国语文》第二期。

郭东培 (1986) "意境的审美模糊性",《佛山师专学报》第一期。

胡安康 (1985) "模糊语言的妙用",《演讲与口才》第一期。

李晓明 (1985)《模糊性：人类认识之谜》，人民出版社。

李友鸿 (1958) "词义研究的一些问题",《西方语文》第一期。

楼世博、孙章、陈化成 (1983)《模糊数学》，科学出版社。

卢侃、孙建华编译 (1991)《混沌学传奇》，上海翻译出版公司。

苗东升 (1987)《模糊学导论》，中国人民大学出版社。

石安石 (1988) "模糊语义及其模糊度",《中国语文》第一期。

汪培庄 (1981)《模糊数学讲义》（上），北京师范大学数学系，第50页。

王世德 (1985) "模糊数学与文艺评论",《文史哲》（山东大学）第五期。

王亚平 (1980) "疯人之恋",《青春》第七期。

王雨田 (1981) "弗晰（模糊）逻辑及其若干理论问题",《全国逻辑讨论会论文选集》，中国社会科学出版社。

吴之翰 (1966) "形容词用法研究",《中国语文》第二期。

伍铁平 (1979) "模糊语言初探",《外国语》第四期。

伍铁平 (1980) "模糊语言再探",《外国语》第五期。

伍铁平 (1981) "模糊语言"，刊《语言漫话》，上海教育出版社。

伍铁平 (1983) "论模糊理论的诞生及其研究对象与正名问题",《语文现代化》第二期。

伍铁平 (1984a) "语言的模糊性和词典编纂",《辞书研究》第三期。

伍铁平 (1984b) "论语言中精确和模糊的相互转化",《百科知识》第十二期。

伍铁平 (1985a) "从'半'的释义谈模糊语言",《辞书研究》第一期。

伍铁平 (1985b) "语言中所反映的思维的模糊特点",《福建外语》第二期。

伍铁平 (1985c) "模糊理论和词汇学",《中文自学指导》第九期。

伍铁平 (1985d) "论'和'、'或'的模糊性质及其词典注释",《百科知识》第十期。

伍铁平 (1986a) "语言的模糊性和词源学",《外语教学》第一期。

伍铁平 (1986b) "语言的模糊性和修辞学",《南京外语学院学报》第一期。

伍铁平（1986c）"论颜色词及其模糊性质"，《语言教学与研究》第二期。

伍铁平（1986d）"论反词同源和一词兼有相反二义"，《外语教学与研究》第二期。

伍铁平（1986e）"模糊语言学"，刊《新知识手册》，北京师范大学出版社。

伍铁平（1987a）"语言的模糊性和多义性等的区别"，《语文导报》第一期。

伍铁平（1987b）"模糊理论的诞生及其意义"，《百科知识》第一／二期。

伍铁平（1987c）"从'移就''拈连'看辞格之间和修辞与语法之间界限的模糊性"，《修辞学习》第四／五期。

伍铁平（1988）"上肢的哪一部分叫做'手'——从'手'的模糊性看若干语义问题"，《现代外语》第四期。

伍铁平（1989a）"不同语言的味觉词和温度词对客观现实的不同切分"，《语言教学与研究》第一期。

伍铁平（1989b）"制定术语要了解和掌握语言规律"，《中国翻译》第二期。

伍铁平（1989c）"从委婉语的机制看模糊理论的解释能力"，《外国语》第三期。

伍铁平（1989d）"再论语言的模糊性"，《语文建设》第六期。

伍铁平（1989e）"模糊语言学和术语学"，《国际术语网通讯》第二十五期。

伍铁平（1989f）"模糊理论"，刊《现代自然科学手册》，浙江科学技术出版社。

伍铁平（1990a）"罗素：《论模糊性》"（译文），《模糊系统与数学》第一期。

伍铁平（1990b）"术语的模糊性和语言规律"，刊《英汉对比研究论文集》，上海外语教育出版社。

伍铁平（1991a）"模糊语言学和术语学"，《贵阳师专学报》第二期。

伍铁平（1991b）"我国模糊语言研究引起国外部分学者的注意"，《修辞学习》第二期。

伍铁平（1991c）"再论词义向其反面转化和一个词兼有相反的两个意义"，《外国语》第三／四期。

伍铁平（1991d）"从两封信看模糊理论在当今美国的影响"，《现代外语》第四期。

伍铁平（1991e）"论语言的比较和文化的比较"，《东西方文化的研究》第四期。

伍铁平（1991f）"什么是模糊语言"，刊《语言学百题》（修订本），上海教育出版社。

伍铁平（1992）"谈谈模糊语言"，《语文学习》第十二期。

伍铁平（1993）"论人脑同电脑的'思维'、自然语言同电脑'语言'的区别"，《北京师范大学学报》（社会科学版）第四期。

夏江陵（1985）"也谈模糊语言"，《语文学习》第二期。

新村出（1955）《广辞苑》，岩波书店。

杨仲耆等（1981）《大学物理学》，人民教育出版社，第144页。

张宏梁（1985）"口语表达中模糊语言的特性"，《演讲与口才》第三期。

张乔（1979）《试谈模糊语义》，硕士论文，辽宁大学/中山大学中文系。

张乔（1982a）"模糊词琐谈"，《辽宁大学学报》第一期。

张乔（1982b）"定量的模糊语义"（英译中），《指挥与控制》第三卷第二期。

张乔（1983a）"词义的模糊及其他"，《内蒙古师大学报》第四期。

张乔（1983b）"Fuzzy 词义"，《模糊数学》第一期。

张乔（1983c）"模糊语义的功能"，《语文学习》第六期。

张乔（1985）"模糊句义"，《内蒙古师大学报》第二期。

张乔（1986）"关于 Fuzzy 语义隶属度制定的两个问题"，《语言研究》第一期。

张乔（1987）"模糊语义的变异性"，刊《语言文字论集》，广东人民出版社。

张乔（1998a）"广义量词理论及其对模糊量词的应用"，《当代语言学》第二期。

张乔（1998b）"模糊量词语义的形式处理"，《自然辩证法研究》第十四卷（增刊）。

张乔（1996）"自然语言模糊量词的蕴含问题研讨"，《哲学动态》增刊。

周志远（1990）"也谈语义模糊度"，《中国语文》第二期。

邹崇理（1995）《逻辑、语言和蒙太格语法》，社会科学文献出版社。